中国古代著名辅国良臣

徐潜/主编

吉林文史出版社

图书在版编目（CIP）数据

中国古代著名辅国良臣 / 徐潜主编 .—长春：吉林文史出版社，2013. 4（2023. 7 重印）

ISBN 978-7-5472-1527-2

Ⅰ. ①中… Ⅱ. ①徐… Ⅲ. ①大臣-生平事迹-中国-古代-通俗读物 Ⅳ. ①K827=2

中国版本图书馆 CIP 数据核字（2013）第 064013 号

中国古代著名辅国良臣

ZHONGGUO GUDAI ZHUMING FUGUO LIANGCHEN

主　　编 徐　潜
副 主 编 张　克　崔博华
责任编辑 张雅婷
装帧设计 映象视觉
出版发行 吉林文史出版社有限责任公司
地　　址 长春市福祉大路 5788 号
印　　刷 三河市燕春印务有限公司
版　　次 2013 年 4 月第 1 版
印　　次 2023 年 7 月第 4 次印刷
开　　本 720mm×1000mm　1/16
印　　张 12
字　　数 250 千
书　　号 ISBN 978-7-5472-1527-2
定　　价 45. 00 元

序　言

民族的复兴离不开文化的繁荣，文化的繁荣离不开对既有文化传统的继承和普及。该书就是基于对中国文化传统的继承和普及而策划的。我们想通过这套图书把具有悠久历史和灿烂辉煌的中国文化展示出来，让具有初中以上文化水平的读者能够全面深入地了解中国的历史和文化，为我们今天振兴民族文化，创新当代文明树立自信心和责任感。

其实，中国文化与世界其他各民族的文化一样，都是一个庞大而复杂的“综合体”，是一种长期积淀的文明结晶。就像手心和手背一样，我们今天想要的和不想要的都交融在一起。我们想通过这套书，把那些文化中的闪光点凸现出来，为今天的社会主义精神文明建设提供有价值的营养。做好对传统文化的扬弃是每一个发展中的民族首先要正视的一个课题，我们希望这套文库能在这方面有所作为。

在这套以知识点为话题的图书中，我们力争做到图文并茂，介绍全面，语言通俗，雅俗共赏。让它可读、可赏、可藏、可赠。吉林文史出版社做书的准则是“使人崇高，使人聪明”，这也是我们做这套书所遵循的。做得不足之处，也请读者批评指正。

编　者

2014 年 2 月

目　录

改革大师——王安石

少年王安石，金榜高中时，有的是意气风发；在想王安石，厉行改革是时，有的是指挥若定。在历史上，王安石是幸运的，他得到了皇帝的知遇之恩，使心中变法土墙的蓝图得以在现实中实现；然而，王安石又是不幸的，用人不察，且恰逢天灾，使其变法功败垂成。但无论如何，王安石还是以其改革的创举和饱含深情的诗文青史留名，功过且待后人评说。

一、天才少年初试高中

（一）少年时代

王安石（1021—1086）字介甫，晚号半山，小字獾郎，抚州临川（今属江西）人，世人又称王荆公，封荆国公。他是北宋杰出的政治家、思想家、改革家，唐宋八大家之一。

宋真宗天禧五年（1021）十一月十三日的清晨，天刚蒙蒙亮，临川军判官的衙门之内一派忙碌，临川军判官王益的妻子吴氏临盆了，生下了一个结实的、皮肤异乎寻常黑的男孩子。

孩子的父亲王益27岁，母亲吴氏今年刚刚19岁。吴氏是王益的续弦，第一个妻子留下了两个男孩，早早就去世了。王氏家族并非豪门大户，也不是名门贵族。王益是个中层官员，一直在各地做知县、知州。王益很有魄力，所任之处，政绩大抵不差。他为官清廉，做了一辈子官，却不置田产，只靠有限的官俸维持家庭生活。由于没有田产，他每调任一处，就拖家带口，一起前往。这给王安石留下了深刻的印象，在他以后的为官生涯中有着很大的影响。

王益22岁进士及第（后来王安石也在这个年龄及第），做了二十几年的地方官。他做官时对属下约束很严。和一般动不动就抡起板子打人的州县官吏不同，王益做官判案很少动刑。他教育孩子也从不进行体罚，而是耐心地讲道理，

这在中国传统家庭是非常少见的。他给王安石的成长提供了宽松自由的家庭环境，也为王安石创造了难得的学习氛围。

王安石一生下来就不缺玩伴。王益前妻谢氏所生的安仁、安道这时已经长成大孩子了，他们对新出生的小弟弟非常照顾，小王安石刚刚会走就成天跟在两个哥哥屁股后头。此后的几年内，王安石的弟弟安国、安世、安礼、安上和三个妹妹相继出世，王益官衙的院子里一天比一天热闹，一群孩子整天在院子里玩过家家，玩各种各样自己编出来的游戏，打打闹闹，叽叽喳喳。王益忙完了公事，有时也出来和孩子们玩一会儿。和一般家庭里的“父严母慈”不同，他对孩子从来都是和蔼可亲的，很少有疾言厉色的时候。相反，吴氏对孩子管教得倒严厉一些。当然，这并不是说他不重视孩子们的教育。王安石后来回忆说：“（父亲）从没有发怒体罚孩子的情况。他经常在吃饭的时候和颜悦色地为我们讲做人为什么要孝悌仁义，讲历朝历代兴亡治乱的缘由，讲得很动听。”而王安石的母亲吴氏也不是一般的家庭妇女，她识文断字，喜欢读书，知识颇为广博，而且做事有决断、识大体。王安石的好朋友曾巩称她“好学强记，老而不倦。其取舍是非，有常人所不能及者”。吴氏是王益的继室，却对前房所生的安仁、安道关心照顾得胜过自己亲生，由此可见她的品质和为人。父母亲的为人处事潜移默化地影响着王安石。

因此，在这样的家庭氛围下，王安石和兄弟姊妹们的个性都得到了较为自

然的发展。王益的七个儿子中有四个中了进士，这在整个宋朝乃至整个中国封建社会历史上都是非常罕见的。

王益为人果敢，颇有政绩，敢于打击大户豪族，维护底层人民利益，从不热衷功名利禄。他为官一直有功成身退的思想，对仕途上的升迁腾达并不十分在意。应该说这些特点在王安石身上或多或少有所体现。王安石步入仕途后很长时间没有汲汲求进，应该与此不无关系。

王家在临川没有待太长时间，王安石出生后不久，就开始随父亲宦游各地，足迹几乎遍及中国南部。从临川到新干再到庐陵，他们走遍了大半个江西。9岁那年，他随父母到苍翠遍野的广东韶关，12岁时又到山清水秀的四川新繁，16岁去过首都开封，17岁随父乘舟东下江宁。可以说，王安石的青少年时代是在不断的旅行中度过的。读万卷书的同时能行万里路，遍历名山大川，周览各地人情，体察各阶层人的生存状况，对王安石眼界的开阔，注重实际的思维方式的形成，起了相当重要的作用。

王安石智力超群，记忆力出众，虽然9岁才启蒙，但学业进展得异常顺利。私塾老师对他实行特殊的政策，给他人限定课程，对他则比较放任，允许他根据自己的兴趣扩大阅读范围。天才与勤奋是分不开的。王安石从小就对知识表现出了异乎寻常的兴趣。由于家庭教育和天性的原因，王安石不是那种爱玩的孩子，每当下课后，当别的孩子急急忙忙跑出去荡秋千或者摔跤的时候，他还是一个人静静地在教室里，读书读得入了神。这个勤学好问的学生，经常让老师为难。因为他经常会提出一些稀奇古怪的问题，让老师头疼不已。然而老师是不会生他的气的，因为这个学生年纪虽小而文章气概不凡，议论别开生面，

让他赞叹不已。

少年时代的一件异事给了他一生的影响，那就是著名的“伤仲永”。方仲永的家就在他舅舅家的村子，这个 5 岁的“天才神童”被发现天资超常后，他的父亲把他当成了生财之树，整天带着小仲永在乡里这个大户家到那个大户家表演“作诗”的才能，却不让他及时入学，结果不出几年，这个“神童”就成了一个再平常不过的孩子。王安石 13 岁那年，在舅舅家见到了这位闻名已久的“神童”，那时，“神童”已经 12 岁了，王安石出了个题目让他写诗，结果大失所望，远不如传说中那么出色，只不过是尚能文通字顺而已。又过了几年，王安石向舅舅打听方仲永的情况，得知此人现在已经和村子里的普通农民一样，忙着下地干活，学会的东西早忘光了。

这件事在王安石头脑中印象深刻。事实证明，没有什么真正的“天才”“天命”“天之安排”，上天是不会对一个人负责到底的。后天的努力要比先天的禀赋重要，人的主观能动性是成功的关键所在。从那之后，王安石一连五年，在江宁家中闭门苦读，这个孤傲少年的毅力和才气是惊人的。在这五年中，他主要靠自学，阅读了大量典籍。随着眼界越来越宽，加上对自身才华非常自信和王家比较宽松自由的学习氛围，王安石渐渐走上了“离经叛道”之路。所谓“离经叛道”，是指他越来越讨厌历代俗儒们对传统经典的庸俗化解释，越来越反感他们泥古不化、刻板教条的眼界。他在熟读儒家经典之外，用更大的心力去读被时人认为是“旁门邪说”的先秦诸子之说。正是在韩非子、墨子、老子这些被历代排斥的大思想家那里，王安石发现了丰富的精神资源，接受了这些智者营养丰富的精神遗产。对一般儒者认为是荒诞不经的佛教，他也认真去读。王安石走上了和当时大多数人迥异的治学之路，这正是时人大多随流俗而去，而只有他事业影响千载、文章流传百世的原因之一。

(二) 进士及第

1039年，王安石19岁，父亲王益病逝于江宁，年仅49岁。王益的死对王家的打击是巨大的。王益一生为官清廉，不治产业，江宁知府的官俸是一家的主要经济来源。他一去世，王家立即陷入了贫困当中。王安石有生以来第一次体验到贫困的滋味。王益的死给王安石的另一个影响是耽误了他参加科举考试。本来，以王安石的学力和才华，是很有希望早一点北上应试博取功名的，但这时只能等三年孝满才能入都了。

1041年，王安石离开江宁北上，入京应试。这次北上经历在王安石生命中留下了深刻印记。他路过淮河的时候，正值淮河水灾。洪水淹没了沿河四府十二县。一路所见尽是水乡泽国。平原之上，大片的农田被淹在水里，刚刚灌浆的水稻浸在水底，成片地死去。逃难的农民成排地站在路上，向过往的行人讨要食物。无人收拾的尸体一天要见到好几具。然而除了为数不多的几个施粥铺，没见到其他救助活动。王安石不禁深为惊讶。据他所知，大宋非常重视荒政，历代以来已形成一整套完整的救灾措施。在各地都设有常平仓和广惠仓，用来储存粮食，供灾荒时使用。可是沿途他并没有见到赈济机构。这给年轻的王安石以很深的触动。

十月中旬，王安石抵达东京。虽然他待过的江宁也是东南大城市，但是一入东京，他为这个大都市的繁华而惊讶。还没到城门，往城外汴河码头取送货物的马车就已经挤满了道路。一进城门，各种商店酒楼的招牌旗帜立刻让人眼花缭乱，可并排通行五辆马车的天宁市街人潮汹涌，车水马龙。

王安石投宿的庆远客栈里住的大多都是举子。每年的这个时候，是客栈生意最火的季节，从全国各地千里迢迢赶来的举子聚集这里，为自己的一生和前

途做关键一搏。整个庆远客栈里到处都是南腔北调的喧闹，有的在夸张地寒暄，有的旁若无人地大声读书，也有的已经找到好人聚在一起打起了纸牌。看着这些陌生的面孔，王安石想："这些人里面应该有些许人中之龙吧！毕竟，他们都是读书人中的精英。"

在客栈里，王安石结识了他的同乡举子曾巩，两人情投意合，相见恨晚，他们对国家、民族、时政等的看法出奇的一致，聊了整整一个下午。特别是谈到大宋国势的衰落，谈到士人的没有气节，两人越谈越投机，转眼天黑下来，曾巩提出要看王安石的文章。

一番客气之后，他们来到王安石的房间。曾巩看着王安石的文章，不禁读出了声来，而且声音越来越响亮。读完，他真诚地做了一番评价，高度赞扬了王安石的文章。然后，他问王安石可否将文章拿回去看看，想推荐给欧阳先生。

王安石有点惊讶："你是说文章泰斗欧阳修先生吗？我的东西不好污他的法眼吧？"曾巩说："这个你就不要担心了。给我吧！欧阳先生非常乐于汲引后进。"

几天之后，曾巩又来了。一进门就兴冲冲地对王安石说："欧阳先生非常欣赏你的文章。"王安石不禁大喜过望。欧阳修是如今天下众望所归的文章泰斗，被天下文学之士奉为宗主，开一代新风。目前又在朝廷担任要职，他乐于汲引后进、推荐人才是举世所知的。得到他的肯定，确实让人大喜过望。

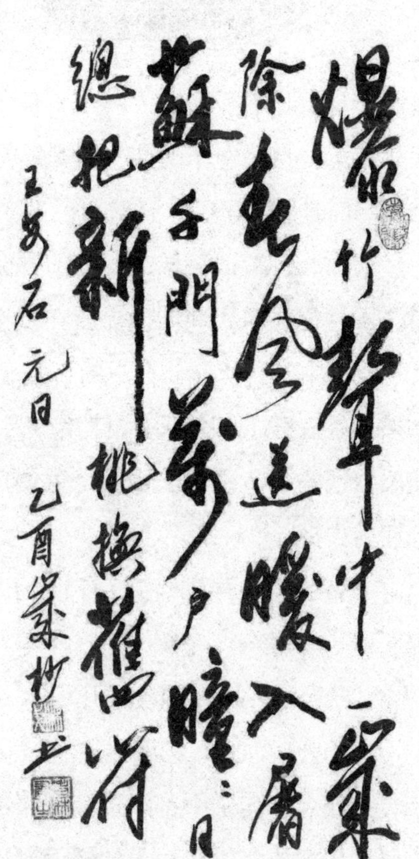

欧阳修对王安石文章的褒扬传出去之后，王安石立刻名满京城了。他的作品开始被人们传抄，很多举子也慕名前来想结识他。王安石从一个普通的举子一下子成了小小名人。虽然从小在地方上就有文

名，可是名噪京师还是让他有点受宠若惊。不过一开始的兴奋过去之后，他立刻就批评自己没有内力。大丈夫当以圣贤之心为心，一点点虚名算得了什么。他强迫自己收下心来，认真准备考试。文章与命运并不同步，虽然文名已起，可并不能保证你就能高中，多少文学之士一直考到白头也不能及第呀！

庆历二年初，举子入闱。王安石三场下来，自觉还算发挥了水平。王安石这科是庆历二年三月发的榜。虽然对自己的考卷还算满意，王安石心里还是忐忑不安,毕竟在考场上什么情况都有可能发生,万一主考官不喜欢自己的文风，或者正好批到自己的卷子时主考官疲倦麻木，草草一眼就掷到了一边，就只好等到下一科再来一试了，自己卷子的开头可是略显平平呀。如果是这样，失望的不只是他一个人，而是整个家庭，是对自己期望甚高的母亲和兄弟呀！

就像历科考试一样，发榜前都会出现种种传闻。这些传闻出自何方没人知道，不过往往惊人地准确。就在发榜前两天，王安石听到有举子告诉他，他极有可能高中本科状元。在送给仁宗皇帝御览的卷子中，据说王安石排在最前面。如果仁宗首肯，那么王安石就是一甲第一名进士了！发榜那天，王安石没有去，他派自己的书童去看。倒不是害怕自己考不中，而是不愿和那些赌徒一样的人到榜前去挤。

书童的脚步声出现在门口，王安石站住了，他不想让书童看见他焦急的样子。

“咣”的一声，门被推开了，书童兴奋地跑了进来。

“相公！你中了第四名进士！”

第四名？连三甲都没进。看来不是传闻就是皇帝不太喜欢自己的文章。当今皇帝出名的仁柔，对于他矫健刚硬的文笔不欣赏也不出意外。再说，以诗赋

取士的今天，中了状元也说明不了什么，自己又何必失落呢？无论如何，自己算是可以扔下这块敲门砖，从今以后有了施展才能的机会，同时他也给了家庭一个满意的交代。

后来曾巩告诉王安石，原来王安石是第一名，这是他从欧阳修那里听来的消息。原来在进呈御览的时候，王安石的卷子确实被排在了第一名。但仁宗皇帝览读之后，不喜欢他文风的刚硬，因而御笔定为第四名。

二、出任地方官

（一）无聊的首任

朝廷的任命终于下来了。王安石被任为“淮南签判”，任职地在扬州。告别了曾巩等朋友，他即日乘舟南下，开始了地方官生涯。王安石刚刚入仕，满怀期待能有所作为，到了任上，却大失所望。原来，“淮南签判”的职责就是为淮南知州韩琦做幕僚，具体不过做些收收发发整理文件的工作。一天的工作一个时辰就做完了，剩下的时间都是空闲。

没有事可做，王安石只好收起雄心，专心读书。那时许多读书人一入仕途，读书的任务即已完成，就开始诗酒笙歌，放任自己了。王安石却很少参加府里其他幕僚们的宴饮，大多数时间依旧力学不已，显得有点不合群。这时的读书没有了应试的任务，完全是兴趣所在，所以读起来兴致盎然，往往通宵达旦。第二天快天亮时略睡一会儿，时辰一到，匆匆擦一把脸就去衙门。王安石平日对自己的衣着就不太注意，经常穿得比较邋遢。有几次读得太晚了，第二天起不来，脸也来不及擦，衣服带子胡乱系着就去上班。好几次都被知州韩琦撞上。韩琦对这个第四名的进士本来颇有好感，现在也不禁有些生气了。有一次索性叫住王安石教训了一顿：“介甫，你正年少，有时间的话不妨多读读书，这样放任自己太可惜了！”

王安石知道韩琦是以为自己夜里和同僚们喝酒赌博了，不禁有些气闷。可当着这么多人的面也不好说什么，只好一笑了之。

1043 年，王安石 23 岁。这一年他请假回家，一为省亲，一为成亲。同那时的绝大多数人一样，他的婚姻是父母之命，媒妁之言。妻子是王安石母亲的亲戚，姓吴，当年 19 岁。王安石是个讲究礼法的人，婚礼如仪，婚后的感情和谐而平淡。王安石谨守当时的道德规范，于女色无所用心，终生未娶妾，也终生没有写过一首关于妻子或其他关于男女感情的诗。结婚第二年，王安石得了一子，取名王方。

（二）鄞县知县

1047 年，26 岁的王安石被任命为鄞县知县。鄞县也就是今天的宁波。应该说接受这个任命时王安石的心情是愉快的。他做了三年淮南签判，清闲而乏味，而今终于成了握有实权的地方官，可以稍稍展现他埋在心中多年的理想，他有一种羁鸟出笼的兴奋和喜悦。

1046 年，王安石回京述职。1047 年，携家人由京师赴鄞县知县任。这两年都是大灾之年。自 1046 年秋至 1047 年春，北方发生大面积旱灾，农民因无雨无法播种，大片大片的农田被荒废了，千里赤黄。成批成批的灾民离开家乡，外出逃难。王安石亲眼看到难民们大批地拥挤在集市上，为抢一个馒头而打得头破血流。见到此情此景，伤灾悯农之情油然而生，带着这样犹豫的心情，王安石来到鄞县任所，从此开始了三年知县生涯。这三年经历，在他的政治生涯中具有非常重要的意义，对他执政之后的政策方针有很大的影响。

王安石在鄞县县任上主要做了三件事：兴修水利、预演青苗法、兴办学校。

兴修水利。鄞县当时是一个穷僻的海滨小县，旱灾同样蔓延到了这里，王安石到任之后，就立刻投入到了救灾之中。他做的第一件事就是清理县库粮食存量，调查各地灾情，然后分不同情况，予以赈济。

王安石为政，喜欢深入民间，亲身体察民瘼。到鄞县三天之后，他不顾长途旅行后的劳累，亲自下乡分发救济粮。以他的经历见闻，他深知如果没有严格监督，很难保证粮食能发放到灾民手里。一连十多天，他走了五个乡。那时的交通十分不便，很多地方是羊肠小路，他就和差役一起步行前进，十分辛苦。但想到自己的职责，又怎么能逃避退缩呢?

经过考察，王安石发现鄞县并不缺水，只是没有储水设施，雨过之后，立刻归入大海了。王安石决定由县政府出面组织大家兴修水利，修建储水、引水设施，同时疏浚河道，以利雨多时排水。说干就干，王安石到鄞县第二年是个丰收年，秋收之后，他开始组织农民动工兴修水利。他首先走遍全县，做实地调查，为各处水利建设做出规划。王安石此行历时一个多月，行程一千多里。风餐露宿，夜以继日，不辞辛劳。可以说，知县中像他这样以百姓之心为心，汲汲求治的并不多，能像他这样吃苦的更少。

这一年，在他的主持下，全县修了大小水利设施二十一处，大大提高了抗灾能力，在后来发挥了很多作用。这年冬天，王安石在《上杜学士言开河书》中，提出了反对官吏因循苟且、提倡为民兴利的思想，这正是以后变法中的基本指导思想。

青苗法预演。在第二年春天，王安石开始了一项意义重大的试验。面对农民丰年勉强糊口，灾年颗粒无收，还要向富家大户借高利贷，深受剥削的现实，王安石突发奇想:与其每年任由大户用高利贷盘剥百姓，何不如官府把粮食借贷

给百姓，利息大大降低。这样，老百姓就从高利贷的桎梏中逃离了。而官府有了收益，推行这件事的动力也就有了，官仓中放了几年的粮食也能够得到周转，岂不是一举三得！

于是，他派人在各乡贴出告示，宣布家中缺粮的百姓可以到县上来借粮吃，秋天收获了再还，利息是两成。

布告贴出后，立即轰动了乡里。由于王安石在兴修水利时树立了威信，百姓积极响应，县城近郊的许多农民拿着口袋来到官仓要求借米，王安石亲自在官仓指挥发放。他要求每年以村为单位，统一借贷，统一偿还，以便于操作。前来借贷的农民很快由近郊发展到远乡，通往县城的路上到处是背着口袋兴高采烈的农民。到了这一年的秋天，许多农民不用官府催促，自发地前来归还粮食。还粮路上，人们络绎不绝。

兴办学校。王安石十分重视地方教育，从儒家观点来看，教育是教化人向善的重要手段，是官府的重要责任。他到任的第二年，就拨款修复了校舍，请地方名儒担任老师，从各乡选人入学。

王安石重视教育，一个根本的出发点在于培养人才。他认为，对于一个社会的发展来说，人才是第一位的。在鄞县，他深感人才的匮乏，县里真正读得懂书，做得了事的人实在太少了。王安石做什么事，都只能自己一个人筹划，连个好的师爷也找不到。兴办学校以培养人才，为治国思想的中心。在十多年后的那封著名的《上仁宗皇帝万言书》中，他系统阐述了自己的兴学思想。应该说，这些思想，主要是在鄞县发源的。

（三）舒州通判

俗话说三十而立。1050年，王安石正好30岁。这一年，他从鄞县解官回家探亲之后，被任命为舒州通判。舒州即今天的安徽潜山。宋时的安徽，是个山高路狭的偏僻地方，山深林密，人烟稀少，文化落后，到了这里，有一种与世隔绝的感觉。

通判一职虽然地位较高，然而在地方上毕竟是副职，工作比较清闲，也没有什么挑战性。从内心来说，他还是向往当初任知县时忙得废寝忘食的那段时间。而现在，他每天用半天时间就处理完了公事，剩下的时间大多就用来读书，然而读到疑难处，却无人可以商榷探讨，真是一大憾事！

王安石掌握着全州官员的监察大权，地方事务也有权干预。如果他做一些暗示，那些削尖了脑袋想往上爬的官吏，还有地方因各种事务须向官府说话的人会立刻送来大笔银钱。事实上，他到任后，丰南县的知县陈圣因任满考核，就曾拜访过他。

那人已经50岁了，在知县任上熬了十多年，按宋朝官场惯例，早该升迁了。然而此人一贯有些贪名，几年前曾因为夸大水灾灾情以冒领赈济款受过处

分，所以一直延迟下来。今年又到了考核之年，他咬了咬牙，花了大笔银子，把全州上下都打点得差不多了。王安石刚刚到任，他就赶上门来。

说过几句话，王安石便明白了他的用意。王安石从心眼里看不上这样的人，觉得这种人是读书人中的败类，孔孟之书在他这里，完全成了遮掩其贪赃枉法的幌子，因此脸上就有些冷冰冰的。陈圣不解其故，以为自己表达得不够明白，索性说："看大人的官寓实在寒酸，属下心里过意不去，故封了二百两银子，求大人收下，作为家常日用，也是属下的一点心意。"

王安石在此人来时就觉得浑身不舒服，对其鄙俗之气隐忍已久，此时实在忍不住了，沉下脸来问道："请问贵县此钱从何而来？"

陈圣陪着笑脸道："是属下俸禄。"

王安石说："我一个通判俸禄比你多一倍，尚且不够用，还要你用俸禄来帮我。你的俸禄从何而来，为什么这样宽裕？"

不由分说，便将此人请了出去。后来审查的时候，王安石在对此人的评语中用了稍有瑕疵的字眼，让他升迁的愿望又一次落了空。此事传开去，许多人敬佩王安石的为人，争夸他的清廉。从此以后，再没有人来给他送礼，到他这

里请托。

王安石就任半年后，一纸公文由东京传来。宋仁宗下来圣旨，要王安石到京城参加考试，准备任命他担任馆职，备位清要。

消息传开，同僚们纷纷来向王安石致贺，不料王安石却不收大家的礼。他说："朝廷虽有此意，但我确实不想入京。我家口太重，弟妹又多在婚嫁之时，家里的事都得我操心。在地方上俸禄毕竟多一些，还能勉强支撑得开。要是做了穷京官，日子就没法过下去了。"

在大家的惋惜和不解中，王安石上了一道《乞免就试状》，在这份奏折里，王安石提出了由于祖母年老，死去的父亲还未正式安葬，弟妹又多在婚嫁之时，家口众多而经济困难等理由，难以在物价高昂的京城居住，过去也就是因为这个而请求不参加馆职的考试，得到了皇帝的宽谅。现在有的大臣认为自己是淡泊于名利，实在是一种误会。

他在奏折中所说的确实是实情。他没有别人那种强烈的升官欲望，为做官而做官为他所不取。作为一个孝悌观念很重的人，他首先考虑的是怎么样才能奉养好自己的亲老，怎么样才能照顾好自己的家族。这对儒者来说，是严重的道德任务。所以，虽然在舒州做官并不是很开心，但他还是不愿意到京城中去。

在舒州几年，作为一个有一定社会阅历的旁观者，王安石更加深入地了解了民生疾苦和官场腐败。北宋政府不反对土地兼并。在这种政策下，社会贫富差距越来越大，大户之田动辄千顷，普通农民的生活却非常困苦。加上贪官污吏把国家赋税层层加码，从中克扣，因此愈加民不聊生。王安石在舒州亲眼看到灾荒之时，大批大批的穷人饿死，而富户却守着粮食不卖。他动用自己的权

力，强迫富户捐粮救灾，虽然救了许多人，和当地豪强大户的关系却更加紧张了。正是因为看到百姓的疾苦、贪官的凶残，作为一个地方官，王安石时常有一种自责、愧疚的心情。

至和元年，他舒州任满。离开舒州之时，他没有了告别鄞县那种欣慰，而是饱含遗憾。

三、从京官到外任

（一）特立独行

至和元年，王安石 33 岁。他被破格任命为集贤院校理。按规定，这个官职是由地方官中考试选拔任命的。但是由于文彦博等人的推荐，皇帝决定不用考试就让王安石担任此职。通常担任此职须一年后才能调任他职，朝廷也事先允诺王安石不一定要任满一年，就可以调任。换句话说，一年之内还可以升官。这无疑是极大的恩宠，换做别人早受宠若惊了，可王安石又一次连上两封奏章，再三陈述自己家庭的困境：祖母和两个哥哥一个嫂子相继去世，两个妹妹还没有出嫁，家贫口多，家务繁多，难以在京城生活。

朝廷上下对王安石淡泊名利非常欣赏，皇帝和执政大臣们对王安石也确实非常照顾。执政大臣欧阳修因此专门请求任命王安石为群牧判官。这个官职比集贤院校理稍有升迁，而且待遇比较优厚，这样就可以帮助王安石解决经济问题了。事已至此，王安石不好再推辞，只好赴任。

和绝大部分京官一样，群牧司基本上是个闲职，其名义上的职责是指导全国各地的养马场和养马监。群牧司的长官叫群牧使，此时的群牧使正是大名鼎鼎的包拯。一时间，这个小小的养马机构里真可谓群贤必至，然而必至之后能做什么呢？只不过是例行公事然后摆酒清谈而已。

王安石家中清贫，平时又不拘小节，穿衣也不注意，一件皱皱巴巴的官服，

多少天也不知道换洗，整天在衙门里抱着一堆书埋头苦读。这也成为他被京官们嘲笑的理由。苏洵甚至说他“囚首丧面以读诗书”，意思是说穿得像个囚徒，整天看书。说这样的人做事不合常情，必然是大奸大恶之人。

关于王安石专心苦学不修边幅，叶梦得《石林燕语》中记载了这样一个故事，也许有些夸张，不过却十分传神：王安石的衣服脏了，自己总记不起洗换。有一次，他和群牧司的同事吴仲卿等去洗澡，同事见他衣服脏了，就从家里带了一件新衣服，偷偷把旧衣服给他换了。洗完澡出来，王安石拿起衣服就穿，走出好远，也没有发现自己的衣服换了。

由此可见，王安石的心思全在读书苦思上，照顾自己的能力比较差，不太会享受生活。《石林燕语》中的另一个故事同样传神：

有一天，朋友们告诉王安石的夫人吴氏，说王安石爱吃鹿肉。

吴氏说：“不可能，我和他一起生活了这么多年，也没发现他爱吃鹿肉。”

朋友说：“那天我们在一起宴会，他不吃别的菜，只把那一盘鹿肉吃光了。”

吴氏问：“你们把鹿肉放在什么地方了？”

朋友说：“放在他面前啊。”

吴氏恍然大悟，告诉大家说，王安石吃菜的习惯是只吃面前的菜，至于菜的好坏，他是吃不出来的，只要吃饱了就行。

东京宴会有招伎饮酒的习惯，但王安石对此深恶痛绝。有一次，吴仲卿等人宴会，请了王安石。席间，又招来几位歌伎，王安石当时拂袖而去。自此以后，凡是这样的场合，人们再也不找王安石了。

王安石的简朴、苦学、不好声色，并不是像道学家那样装出来的。他是真心真意用儒家道德标准来要求自己。他服膺于儒家的价值观，并身体力行，不遗余力。

在这样的情况下，王安石的朋友当然不会太多。不过他所交往的人都是些出类拔萃的方正之士，比如司马光。这两个人简直是天生的朋友，他们身上相似的地方太多了。他们年龄相近，司马光长王安石两岁。中进士也是前后，司马光比王安石早两年。卒年则相同，相差不过数月。仕途上也颇为同步，此时他们同为群牧判官，后来又同为翰林学士，同为知制诰。更重要的是，他们的性格、作风、生活习惯居然也十分相似。

和王安石不修边幅相比，司马光生活也十分朴素。司马光号迂夫，在生活上和王安石一样，都很简朴。司马光洁身自爱，不好女色。由此种种，王安石和司马光才能一见如故。在群牧司衙门里，他们没事就共聚一室，探讨读书得失。两人都是好学深思之人，王安石为学常有奇思异想，司马光则用力甚深，两人相互映照，彼此都受益匪浅。

（二）常州知州

虽然有司马光这样的良朋为伴,王安石还是觉得他的群牧司判官生涯很痛苦。因为这个职务太清闲，他觉得自己正值年富力强的大好时光，可以为百姓做很多事情，却不得不在这里混日子。而且，他自觉和这些京官在性格上格格不入，在京城官场有一种受排挤的感觉，远远没有自己做地方官时自在。这一时期他屡次上书请求外任。

在十多次请求之后，朝廷终于同意他外放了。36 岁这年，王安石出知常州。在常州任上，王安石还是和在鄞县一样，大力兴修水利。然而，这次，他

却遇到了挫折。

到任不久，王安石就开始下乡视察。他发现常州洼地偏多，排水不畅。如果能修一条运河，可以解决一直困扰这里农民的涝灾问题，并且可以退出大量耕地，还便于东西交通。

说干就干，王安石立刻开始筹划建设。但是，这条运河长近百里，贯穿好几个县，工程浩大，如果靠在鄞县时老百姓义务出工是不行了。这需要与各县知县和转运使共同协商。

然而，出乎王安石的意外，当王安石召集知县，请来转运使研究这件事的时候，大家都不赞同这个计划。大家纷纷说，开运河是常州历史上从来没有的事，开了以后会使一些河流改变流向，是利是弊，一时不好说。又说征调民夫，牵扯的事太多，农民们非常不好动员。总之，摆出了许多困难。转运使也不赞成兴工，认为多一事不如少一事。

王安石做了许多工作，大部分知县勉强同意出工。只有宜兴知县——司马光的哥哥司马旦不同意，此人和他弟弟一样也是个倔脾气，认准了一件事，不管你多大的官，他也不服从。王安石也是个倔脾气，遂决定不理司马旦，立即开工。

然而工程遇到了很多困难。一是各县官员动员不利，没有多少百姓肯于出工，每县派出的几十个民工，又多是老弱病残。司马旦干脆一个工也不出。恰好在施工的时候，又赶上了连日大雨，民工生病的越来越多，工程只好暂时停下来。

王安石心急如焚，但是老天不帮忙，他只好等。等到天气好转，又到了农忙时节。很快王安石调任别处，这项工程只好半途而废了。

对于这件事，王安石一直耿耿于怀。这件事也对王安石后来的变法以深刻的影响。

宋朝官员迁转频率之快是让人吃惊的。在常州任上不到半年，王安石就接到通知，提点江南东路刑狱。江南东路经济发达，人情复杂，王安石在这里遇到了一些比较难断的案子。最有名的应该是那起斗鹑案。原来，江南东路一些大城市里盛行斗鹑，玩这些东西的多是富家少年。一天，一个姓王的少年弄到了一只绝好的斗鹑，百战百胜。他的一个好朋友，一个姓吴的少年求他把这只斗鹑让给自己。王姓少年对这只斗鹑爱如珍宝，说什么也不给，吴姓少年趁他不注意，反正平时也都是好朋友，就偷偷拿跑了。王姓少年十分生气，拿一把刀子追到门外，口角之中一时兴起，把吴家孩子当街杀死了。

知府判王姓少年犯了杀人罪，应该处死。家人不服，反映到王安石那里。王安石重审，认为吴姓少年不经主人同意强行拿走别人的东西，乃是“盗”，王姓少年杀了他，乃是“捕盗”，不应判死刑。

王安石的判决引起了很大轰动。知府及吴家不服，案子上诉到朝廷的大理寺，大理寺最终判定，知府所判为准。大理寺还专门行文批评王安石，要王安石承认自己的错误。这本是例行公事，但王安石拒不认错，声辩“我无罪，不当谢罪”。大理寺官员上书皇帝要求惩办王安石，王安石还是不为所动。最终此事不了了之。

六个月后，朝廷召王安石入京，任三司度支判官。接到这一消息，王安石一则以喜，一则以忧。喜的是他可以离开江南东路，不再做这个繁忙的提点刑狱了；忧的是他又得进京，做混日子的京官。

（三）上书皇帝

度支判官是财政部门的官员。王安石在度支衙门里得以了解了朝廷的财政情况。同时，身处京师，他对天下利弊有了更全面、更深刻的思考，结合自己多年以来做地方官的经验，大宋社会的种种问题和症结在他的头脑中日益清晰起来。

此时，改革的声浪一浪高过一浪。宋祁、包拯、富弼、欧阳修等人都提出了改革的要求，王安石也是这其中的一员。他认真准备了一个月，写了一篇长达万言的上仁宗皇帝言事书。

在这封著名的奏折里，王安石直言不讳地指出了北宋社会所面临的危机：国家穷苦，财力不足；外敌环伺，意图吞并；人心苟且，缺乏人才。他指出，现在虽然天下表面太平，实际上是危机四伏，如果不彻底改革，那么大宋灭亡不会太久。

王安石总结了北宋政治的种种弊端：最主要的弊端是缺乏人才。王安石说，现在一路之间，能够准确贯彻朝廷旨意，以百姓生活为念的官员很少，相反，没有才能、苟且钻营、贪婪卑鄙的官吏数不胜数。朝廷的旨意往往用意良好，然而，在职的官员不但不能用之以惠泽百姓，反而借此为幌子，骚扰百姓。没有人才，是因为没有培养、管理、选拔、任用人才的正确方法。

接下来，王安石就从培养、管理、选拔、任用这四个方面做了具体的阐述：

首先，在教育方面，现在的州县虽然都设有学校，但徒有虚名而已。天下读书人读的只是五经，对于各种专门的学问，比如理财、断狱，没有人关心。老师们所教的，只是分章断句，应付考试。应付考试的文章，需要人成天死记硬背，用尽精力去学雕虫小技，别的方面就没有精力关心。这样的人，虽然考中了，可是到实际工作中，却什么也不会做。

古代先王之时，读书人所学的是文武之道。读书人学习各方面的技能，可以做各方面的工作。有的专门学刑法，有的专门学军事，有的专门学礼治。任何一种专业都需要多年苦学苦思才能有所成就，所以上古之时，人才辈出。

其次，在管理方面，现在官员的俸禄都很微薄，如果不贪污，日子就要过得很清贫。道德水平在中人以上的，虽然贫困但仍不失为君子，而中人以下的，虽然富裕，也仍然想贪污。只有中人，穷则是小人，富则为君子。总计天下士人，中人占十分之九。以现在微薄的俸禄，要想使大部分官员清正廉洁，这是不可能的。所以现在官大的人，往往互相贿赂，谋求财产，背上贪污的罪名；官小的，做买卖，欺上瞒下，克扣百姓，无所不为。这样，人就没有了廉耻，社会就没有了脊梁，社会风气如何能正！

第三，现在选拔人才，只以文辞为标准，这样太片面了。不肖之徒，如果记忆力好，就可以高中而取得高位。那些有真才实学的人，因为不愿意老死于章句，就只能一辈子不为人所知。现在，朝廷上有许多不肖之人得了高位，因此就拉拢狐朋狗友霸占朝廷，所以朝廷上少正人君子。四方官吏，为这些人所任命，品质还能好到哪里去？

第四，选拔人才的方法既已错误，任用人才的方式更是荒谬。不论人的特长、志向，任意选派，好像每个人都是全能的。既能管理财政，又能治狱，又能掌管礼仪。以一人之身，而具百官的才能，怎么可能呢？地方官到了一个地方，刚刚做几个月，新的任命就下来了。有能力的人，能力没有施展；没有能力的人，低能得以掩盖。

分析了这四方面的弊端之后，王安石又提出了具体的建议：首先，在科举时，不能光考核五经，还要考核各方面才能，培养专才。其次，在管理上，要高薪养廉。再次，在选拔上，要以公论为主。最后，在任用上，用人不能专凭资历，更要看本人特长，而且还要建立有效的考核机制。

还应提出来的是，王安石在这篇文章中提出了理财主张。虽然这些观点不是这篇文章的主要内容，但这些观点已显露出王安石日后经济改革的端倪。

写成了这篇文章，王安石也十分兴奋。他把它按程序报送给皇帝，期待着皇帝的反应。然而，仁宗皇帝可不是一个奋发有为之君。此人是个典型的老好人，性格仁柔懦弱，为国行政只求安静为上，只要天下能保证表面上的安定太平，就诸事大吉。他才没有信心和兴趣去给北宋社会动手术呢！

王安石等了几个月，也没见皇帝的回复。然而，很多的中下层官员和文人对王安石的这篇上书赞赏有加。王安石在北宋政治界的影响，是进一步增大了。

四、神宗即位君臣遇合

（一）神宗皇帝

治平四年，英宗皇帝驾崩，20 岁的神宗皇帝即位。神宗皇帝是中国历史上为数不多的杰出帝王。说他杰出，并不是以他的治绩为标准，因为历史证明他也没有扭转北宋王朝每况愈下的统治局势。但与大多数平庸的君主的不同之处在于，他性格比较强健，思维不拘定式，勇于进取。同时又少年老成，绵里藏针，锋芒内敛，善于听取不同意见。也许是历史的巧合，他的个性、思想也和王安石有许多相同之处。比如这两个人都毅力刚健，富于魄力，看不惯因循苟且；比如他们都不为正统儒家思想所蔽，能够旁窥诸子百家之言，以自己的经验加以取舍。

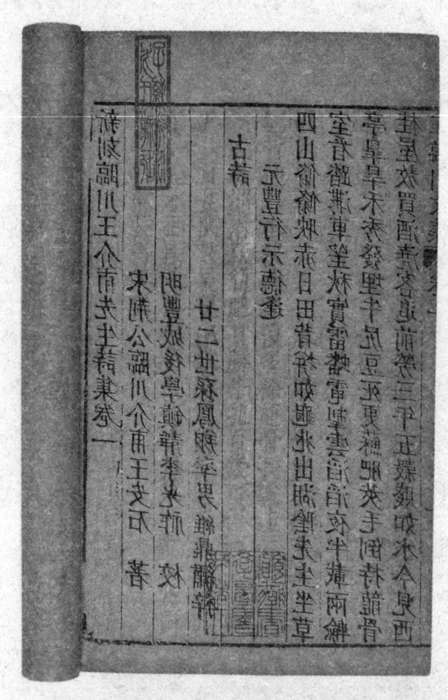
新刻臨川王介甫先生詩集卷一
宋 荊公臨川介甫王安石 著
明 豐城後學鎮靜李光祚 校
廿二世孫鳳翔孚男維鼎 編輯
古詩
元豐行示德逢
四山翛翛映赤日田背坼如龜兆出湖陰先生坐草
室看踏溝車望秋實雷蟠電掣雲滔滔夜半載雨輸
亭皋旱禾秀發埋牛尻豆死更蘇肥莢毛倒持龍骨
挂屋敖買酒澆客追前勞三年五穀賤如水今見西

因为好学深思，虽然即位时刚刚 20 岁，他对当时的形势已经有了明确的看法。这些看法也与王安石有着不谋而合之处，那就是开国百年，承平日久，人心怠惰，积弊甚深。财政困窘已经直接威胁了政体的运转，政风吏治每况愈下，百官只求营私，不思振作，行政效率十分低下。百姓贫富差距越来越大，在不断的搜刮下，生活越来越艰难，一旦有灾害，就流离失所。同时，北辽西夏就像觊觎在卧榻之侧的恶狼，岁岁攫取大量帛金也无法安心。总之，已经到了非改革不行的地步。

朝中许多大臣也为窘迫的政治局势忧心忡忡，力求寻找解决办法。神宗即位才一个月，一个叫刘述的大臣上前陈述目前的困难。翰林学士承旨张方平也

上书极言天下困极，朝廷却不图营救，如果继续因循苟且，一旦出现饥馑或者边患，就没法挽救。

看来关于改革，朝廷上下基本已有共识，所面临的问题就是怎么改了。对这一点涉世不深的神宗也心中有数，“庆历新政”已被废除，人们记忆犹新，有范仲淹那样的能臣，阻力还那么巨大，何况现在局势比范仲淹那时更加复杂。因此，选择一个改革的策划执行者，是当务之急。

神宗是个慎重沉稳的人，他要在朝臣中进行广泛考察、比较，最后，才能确定谁可托付大任。进入他视野的有这样一些人：三朝元老富弼、御史中丞司马光、吏部侍郎吴奎等。因此，在半年之内，神宗频频召见这些可能的入选者，不动声色地进行考察。

他最先看好的是做过多年宰相的老臣富弼，此人德高望重，当年也曾积极参与庆历新政，此时为枢密使。然而，庆历新政的失败已经彻底挫伤了他的锐气。

神宗又把眼光转向了司马光，此人名望很高，口碑甚好，而且学识深厚。但神宗听了他的治国之要，只觉得淡而无味，书呆子气十足，他觉得此人有些迂腐。再考察吴奎，又觉得为人过于软弱。举朝上下，或保守，或迂腐，或谨小慎微，竟无一人可以入眼。那么，现在只剩下一个候选人了：王安石。

（二）争议王安石

神宗与王安石，还有一段不为人知的渊源。原来，神宗的侍读韩维是王安石众多崇拜者中的一个。他视王安石为古今一人，道德文章，皆为天下法。在他的影响下，读书时期的神宗阅读了大量王安石的著作，王安石纵横矫健的文笔本来就容易感染读者，那些惊骇世俗、精辟独到的观点赢得了青少年时期的神宗的由衷敬佩，而王安石又特立独行、行高于众，关于他的种种逸事传说都传到了神宗耳朵里，在这个少年人脑海中形成了一个几近完美的高大形象。青少年时期是很容易崇拜人的，尤其是崇拜那些卓尔不凡的特殊人物，王安石就是少年神宗心中的偶像之一。那个时候，神宗就想召王安石做自己的侍读官，以便朝夕得到教诲，可惜英宗没有应许。神宗即位之后，所做的第一件事就是了解王安石的近况，想一睹这位“伟人”的风采。可惜得到的回馈是王安石正卧病江宁，读书养志。

神宗是一位思想活跃、锐意进取的年轻人，形成这样的思想特点，王安石的著作也许功在其中。与此同时，他表现出杰出的政治天赋，做事比较有章法，这可能就来自于遗传了。他深知任用王安石这样的争议性人物，必然会引起各种不同的反应。他想先摸摸王安石有多少民意基础，也借此进一步了解这个人。

他首先问的是副宰相曾公亮，他问为什么以前仁宗、英宗召用王安石时，王安石总是称病，是不愿意出山还是真的有病？

曾公亮从皇帝的言行中揣测出有大用王安石的意思，而他平时对王安石孤高清廉、为政有方也颇为欣赏，遂回答：“安石文才与学识俱佳，而且德行纯

粹，应该大用。屡召不应，应该是身体不太好，不过也有可能是先帝用人之诚没有充分表达，陛下宜用恳切言辞召用他，这样他应该会来的。”

神宗又问及吏部侍郎吴奎，没想到这个老好人的回答与副宰相截然相反：“王安石是个典型的书生，做事迂腐，而且固执己见，绝非辅相之才。如果他被重用，肯定会做出大家无法接受的事情，造成朝政混乱，不可收拾。”

神宗大为诧异，说：“你说得也太肯定了吧!”

吴奎回答：“臣曾和王安石共同在群牧司供职，对他了解甚深，所说绝非虚言。”

神宗安排韩琦出京任职，在韩琦辞行时，神宗问他：“你走之后，谁可以继大任，王安石怎么样?”

须发斑白的韩琦立刻回答道：“王安石做个翰林学士绰绰有余，处宰辅之地则器量不足。”

通过一系列调查，神宗认识到王安石还没有被重用，就已树立一批潜在的政敌，这当然和王安石的个性有很大的关系。王安石太有个性了，他对人、对事都要求完美，不能容忍含混状态。他坚持独立思考，绝不肯苟同他人意见；他一言一行都要本着自己内心的标准来实行，不肯因他人而违心，甚至不肯因形势的需要而稍作退让；他认准了什么事，就要坚定不移地做下去，绝不顾及别人的反对，他的性格太强太硬，他的思维方式太极端。

这样，王安石在不知不觉中为自己制造了大批反对者，这些人反感的就是他那耿介的气质。其中最为典型的就是一代文豪苏轼的父亲苏洵，他瞧不起王安石，在背地里经常称王安石大奸似忠，大伪似信。这个说法在官场中颇有市场。

然而，神宗是王安石坚定的支持者。一连串的调查只是增加了他对王安石执政难度的判断，对王安石的人

品却更加坚信了。他同样痛恨这种死气沉沉、到处老好人的局面。他需要的正是这样一位敢于排斥众议的人物，只不过他对起用王安石之后的困难预计得更加充分了。

经过反复思考，两个月后，神宗皇帝发出一道诏书，任命王安石为翰林学士，并催促他尽快赴任。

（三）越次入对

此时的王安石，正经历着他一生中最闲适的一个时期。母亲去世已经五年了。这五年他没有政事牵累，没有案头烦劳，只是在绿荫环抱的山居里读书著文，授徒讲学，终日和朋友学生们讲求学问大要，这种优游林下的快乐，是他以前从来没有享受过的。

神宗即位后，从神宗件件举措中，王安石读出了这样的信息：神宗皇帝是个有朝气有魄力的君主，不满现状，力求整治，他敢于打破传统，与自己一样有冒险精神。所以，熙宁元年（1068）四月，当一飞骑送来了召王安石入京的诏书时，王安石没有像以前一样推辞，而是欣然受命。

熙宁元年，也就是1068年4月4日，神宗召见王安石。按规定，像王安石这个级别的官员入宫需要繁琐的手续，奏对内容也有具体限制，神宗命一概免去，故史书称这次会面为“越次入对”。

彼此倾慕多时，这对君臣终于见面了。

走到紫宸殿外，望着高大的殿顶，王安石不禁有些紧张。人到中年的他很久没有这样的感觉了。坐在这座大殿里的年轻人将决定他的命运，进而决定大宋江山的命运，有些紧张是正常的，但他立刻将这种情绪压了下去，调动起自

己的全部自信，迈着大步走进殿来。

坐在龙椅上的神宗同样有些紧张，就像小学生将要见到自己的老师一样。他倾慕多年的人马上就要出现在自己面前了，这个人会和自己想象的一样吗？听到殿外的脚步声，他坐直了身子。这脚步声显得异常有力、坚决，其他大臣进宫，很少听到这样重的声音。

进来的是一个身材不甚高但十分结实的中年人，皮肤略黑，圆头大耳。相貌说不上英俊，但一双眼睛却炯炯有神。按照规定，下跪、磕头、平身。神宗命内侍拿来一把椅子，王安石谦让一番坐下。

青年皇帝先问一下王安石何时到京，路上走了多长时间，然后就直切主题："朕闻卿名已久，知道卿学问深厚。朕登基未久，于治道尚有许多需要学习的地方，卿以为治理天下以什么为先？"

神宗说话的时候，王安石注意地看了一下这个年轻人。他和其祖父一样，相貌颇为英俊，气质严肃，神情真诚，很容易博得人的好感。

略略思索了一下，王安石回答："应该以选择施政方法为先。同样是在圣人之道的指导下，采取不同的方法，得到的结果可能截然不同。"

这句话一下子打动了神宗，王安石果然就是王安石，一开口就不同凡响。其他人谈到治天下，往往一开口就是正人心、端风俗之类不着边际的空话，王安石却一下子接触到了实质问题。

"那么方今天下，以什么施政方法为上？"

"请问陛下，当前困扰朝廷的是什么问题？"

"一是财赋问题，财赋不足，国力虚弱，不得不受制于辽夏。再一个是民生问题，民生凋敝，一遇水旱则到处逃亡。这是压在朕心上的两块石头，昼夜难安。"

"选择什么方法应以解决什么

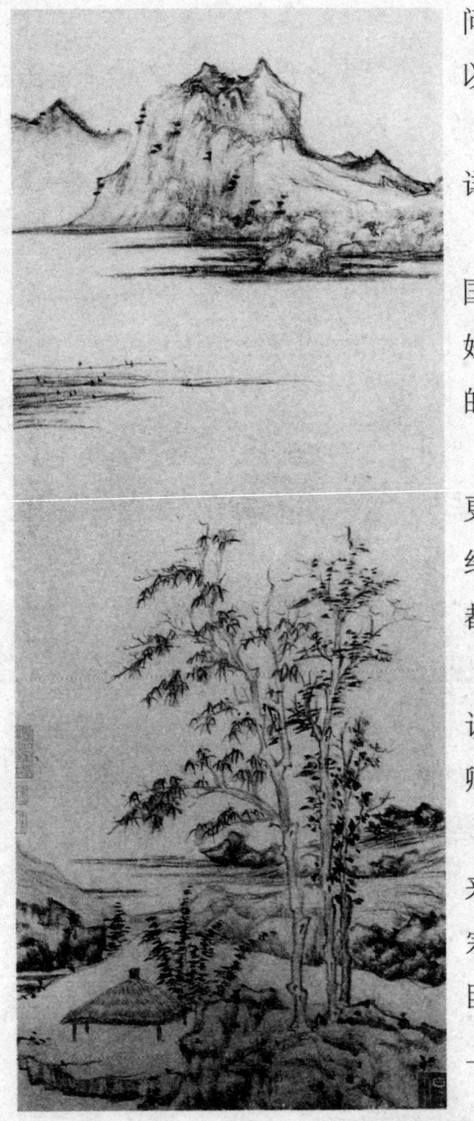

问题为前提。陛下的看法臣完全同意。臣以为最重要的是理财之法和济民之法。”

神宗越听越觉得兴奋：“卿不妨说得详细一点。”

“正确的理财之道，应该是由官府以国家力量为百姓兴修水利，平整土地，百姓富了，财源就广了，国家就能征收更多的赋税。”

王安石素有辩才，此刻在皇帝面前，更是调动全部精神，引经据典，滔滔不绝，一转眼已经过去一个时辰了，君臣都觉得意犹未尽。

“太祖太宗以来，国家百年太平，应该说列祖列宗的治理方针颇有可取之处，卿以为最可取的是哪些呢?”

西斜的日影已经推出窗外，大殿暗下来。王安石觉得该到告退的时候了：“祖宗治法博大精深，非臣数语可以道明，容臣回去之后认真思考一下条理，再奏明皇上可否?”

经王安石这样一说，神宗才注意到天色已晚，他不觉笑了：“好吧，今天就到这里，来日方长，卿今后可以从容地为朕指授。”

五、改革之一：富国

（一）均输法

熙宁二年二月十三日，北宋朝廷颁布一道谕旨，翰林学士王安石被任命为参知政事，即副宰相。

在王安石的建议下，新机构“制置三司条例司”成立了。从名义上看，这是一个制定变法条例的机构，而实际上，它的主要任务是策划和指挥变法，权力非常大。

虽然遇到强大的反对声浪，但王安石作为执政之一，毕竟手握了变法大权。那么，变法从哪里入手呢？

困扰着整个北宋王朝的是财政问题。王安石是个喜欢挑战的人。他自然选择财政问题作为变法的切入点。这既是为了迎合皇帝的心意，也是他作为宰相必须要解决的问题，同时他也想借解决这一问题显示自己的才能，平息天下汹汹之议。他知道，事实是最好的辩论武器。

在王安石的策划下，吕惠卿起草了第一道法律：均输法。

东京汴梁是当时亚洲最大的城市，也是宋朝最大的消费城市。为了供应东京，朝廷专门设了发运司，将东南六路供应朝廷的物资沿运河发送到东京。

但是，北宋的这个运输系统明显带有的计划经济色彩，发运司不了解东京的储备库里存着哪些物资，每年对各项物资需要多少，也不了解各路生产的变化情况，只是机械地按章程办事，年年刻板地按照

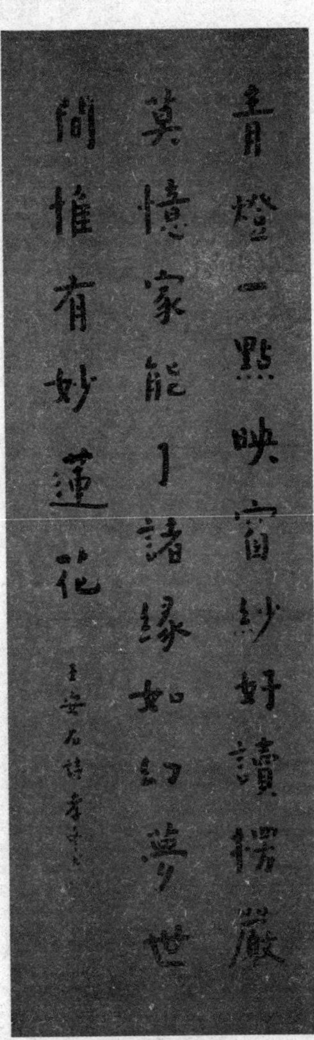

多年前定下的数字进行征收，一点也不变通。有的东西原产地已经不生产了，却还要照样上交，农民们只好高价购买交给官府，运到东京却一钱不值；有的物资东京已经积压了许多，还是照样征收，堆在仓库里白白烂掉；有的物资随着消费的增长极其紧缺，发运司也不知道到其他产地购买，结果巨商大贾便参与其中，从远方购来，以高价卖给官府，从中牟取暴利。比如有一年朝廷要举行大典，需要大量的羽衣。大商人们知道了这一消息后，立刻把市场上所有的羽衣都买光了，然后以市场价三倍的价格卖给官府。

神宗皇帝和王安石一起视察东京的仓库，看到江南上好的绸缎堆在库里，有的竟是七十多年前进贡的，由于保管不善，早已变黑变脆，用手一摸，就成了碎片。神宗叹息不已，这可全是民脂民膏啊！从百姓手中横征暴敛而来，却让它白白烂掉，然后报告说经费不足，难道这就是天子的牧民百官的做法？王安石当时就对皇帝谈了设立均输法的设想，神宗深为赞许。这一办法的基本要点是政府改征收方式为征收加采购方式，设立发运使，详细调查规划东京每年的物资库存及所需，了解各地的供应情况。如果供应有缺口，则有权直接到产地购买，供应有余，则直接在产地卖掉，这样，就消除了大量的浪费，也避免了商人的盘剥。据王安石的初步测算，这一措施可以使政府每年节省三分之一的供应费用。

熙宁二年七月，在王安石任参知政事五个月后，均输法正式颁布实行。同时，神宗任命原淮南发运使薛向为六路发运使，同时从内库中拨出一部分钱作为发运司采购的资本。

正如王安石所料的，均输法一颁布，立即招来了一片反对声。言官们一致称王安石为“兴利之臣”，“利”在中国古代，一直是一个禁忌话题，无人敢轻

易提及。因为儒家思想，重义轻利。

（二）策划青苗法

均输法不过是王安石变法中试验性的一步。这个法令只是解决了局部问题，于国计民生并没有大的影响，对增加财政收入也没有明显帮助。下一步，他就要开始一项涉及全国的重大改革，实行青苗法。

王安石做地方官多年，非常了解农民的生活状况。他知道农村大部分农民都是贫农，丰年勉强温饱，一遇水旱就无法度日。即使在正常年景，每年青黄不接的时候，也都要吃糠咽菜。因此，农民家里一有事情，就不得不借债。但当时民间高利贷的利息往往高达百分之百甚至二百、三百，高利贷往往使得贫农家破人亡，四处流浪，也造成了贫富差距越来越大，社会越来越不安定。

王安石深知靠天吃饭的农民是多么不容易，因此他在做地方官时就注意兴修水利、赈济灾民。在鄞县时他曾在春夏之交、青黄不接时把官府的谷物贷给农民，秋天再收回来，成效相当不错。因此，他创青苗法，官府每年春天贷款给农民，秋天归还，利息为百分之二十。这样，一可以帮助农民度过春荒，实现社会稳定，二可以增加政府财政收入，解决财政困难。

但是，事情从设想到实际操作有很大的距离，好的愿望不一定能带来好的结果。王安石的设想近似于现代的农业银行，无疑是一个有高度、有远见的创意。但是，现代银行制度是以现代的评价制度和保障制度为基础的。也就是说，银行必须能准确评定借款人的还款能力，并且有强制回收本息的手段。但是，在北宋自然经济条件下，这些无疑是难以做到的。这一点，王安石是想到的。因此，他与吕惠卿再三商议，吕惠卿提出了这样的解决办法，即把农民按贫富结合，五户为一

保。以富户为保头，贫农贷款，要由富户为担保，由富户出面申请。

青苗法费了王安石很多心血。他知道，在全国范围内推行这样一个大法不能不慎重行事。毕竟这涉及到天下所有农民呀！法案虽然已经尽力完善，但执行中会不会出现什么问题呢？为慎重起见，他命苏辙认真检查条例内容，提出意见。

苏辙看完后，当头泼了王安石一头冷水：“介公，我觉得此法决不可行。”

这样直接的反对是王安石所没有料想到的。他诧异地问：“详细言之。”

苏辙说：“您在地方呆过多年，那些贪官污吏您不是没见过。这个法从立意上来说是好的，但到了他们手里，绝对执行不好，说不定又会成为他们盘剥百姓的一个手段。肯定会有提高利息从中贪污的。再说，借钱容易还钱难，百姓用度困乏，借来的钱花掉了不一定有能力按时还上，那些衙役小吏很可能借这个机会横征暴敛，最后还是得弄得贫民家破人亡。”

王安石听了，一时无法反驳。苏辙所说，正是他心里没底的地方。虽然不像苏辙说的那样严重，但弊端肯定会出现的。

经过反复思考，王安石认定这个法律利大于弊，所以他决定先在附近的河北、京东、淮南三路试行。

熙宁二年九月，经神宗批准，青苗法正式公布。

（三）推行青苗法

青苗法在全国范围内推行之后,犹如平静的湖水中扔进了一块巨石,百年来一成不变的北宋社会各个阶层都受到了不同程度的扰动。

相对于百分之百、百分之二百的高利贷利息，百分之二十的青苗钱对于贫困的农民来说无疑是极富吸引力的。虽然变法之初，百姓们不知道“官家”搞什么鬼，对于这样天上掉下来的好事半信半疑，但在一些敢吃螃蟹者带头申请了贷款之后，越来越多的农民开始加入了申请者的行列。

地方官员对于推行青苗法则意见不一。有的人希望通过积极执行青苗法博得上司的好感，获得升迁的机会；有的人则积极钻青苗法的空子，挖空心思从中渔利；有的人则因为青苗法带来的繁重工作量而怨声载道，在执行过程中不过走走形式，敷衍了事。

执政之臣王安石、吕惠卿则希望青苗法能尽快为政府解决越来越严重的财政问题，他们迫切希望各地方官员干出实效。青苗法的实施也就是改革派的政绩，是他们向天下说话的本钱。同时，他们还希望青苗法能够起到抑制富豪大户的作用，使社会上的贫富差距不再扩大。

由于地方官员素质不同，青苗法的实行在各地出现了不同的情况。有相当多的地方官员因为申请青苗钱的农民十分踊跃，就擅自提高了利息，

从百分之二十提高到百分之三十甚至百分之四十。

更多的地方官员从来没有操作过这样繁杂的工作，他们动用了在中国社会屡试不爽的最有力的办法：一刀切，不管你需不需要贷款，一律贷给你，按保发钱，到收息日由保头上交本息。交不上来，就带着衙役上门强收，拆房扒屋，抓人吊打。这样，他们获得的成效就远远超过那些认真执行的地方官员。

还有的地方只把青苗法的布告贴出去，对前来试探贷款的人推三阻四，说钱没拨下来或者人没到位，一推了之。

真正认真执行的地方不到二分之一，而这二分之一的地方官员也因为对这一事务不熟悉，对贷款的各个环节的操作没有经验，忙得焦头烂额。毕竟，这个工作的工作量太大了。在北宋，地方上的所有事务都由地方长官一个人负责，像青苗法这样专业性工作本来应该有专门机构、专业人员来操作，但那时远远做不到。因此，工作中的疏漏在所难免。

很快，青苗法执行中的各种问题被反对变法的官员反映上来，各式各样的奏章像雪片一样飞送朝廷。

御史韩缜首先进言，他认为，朝廷既然把青苗法当成一项利民措施，就不应该收取利息。收取利息，就是和百姓做买卖，就是盘剥百姓，和那些放高利贷的富户没有什么分别，有失朝廷体面。

对于这样的书生言论，神宗和王安石自可不必理会，但许多原来轻易不说话的朝廷重臣的话，他们就不能不认真对待了。

轻易不说话的司马光终于发言了，他上了一道《乞罢青苗法》，在这份奏章里，他系统阐述了他对青苗法的看法，以及他对王安石均贫富主张的反对。

大名府的老臣韩琦上了一道长达几万言的奏章，极言青苗法的弊端。在这

封奏疏中，韩琦说河北路至今仍普遍存在一刀切现象，无法禁止。这封奏疏，让神宗大为震惊。

变法开始后，一直在观望变法的苏轼，写下了那篇大宋历史上著名的《上神宗皇帝书》，揭露“制置三司条例司”、均输法和青苗法的弊端。

韩琦和苏轼的奏章让神宗十分震动。此二人的雄辩让神宗对自己的整个变法主张产生了深深的怀疑。他们的话听起来句句在理，然而又句句是反对自己的。问题出在哪里呢？神宗陷入了深深的思考。

王安石责备神宗做事缺乏魄力，辩解说韩琦的说法没有代表性。王安石说万事开头难，青苗法是新法中第一个全国性大法，如果半途而废，变法事业必然遭到严重挫折，反对派一定会借机卷土重来。王安石说这个时侯只能硬着头皮顶住，等这个阶段过去，自然就尘埃落定，反对的声音会越来越少。

（四）市易法

北宋的商品经济非常发达，商人在国家经济中起的作用越来越大。由于商品经济的发展，已经出现了垄断现象。一些财力雄厚的大商人，为了牟取暴利，勾结官府，把持了“行会”。所谓“行会”，大致相当于今天的行业协会。大商人操作和控制了各种交易，他们压低价格收购各种商品，然后再以很高的价格批发给小商人和普通市民。巨商大贾们挣得满盆满钵，而小商人和老百姓却叫苦连天。

对于这种商品经济高度发达而产生的弊端，在朝的大大小小官员虽然都注意到了，但没有人以此为意。商人的事，不是读书人应该关心的。

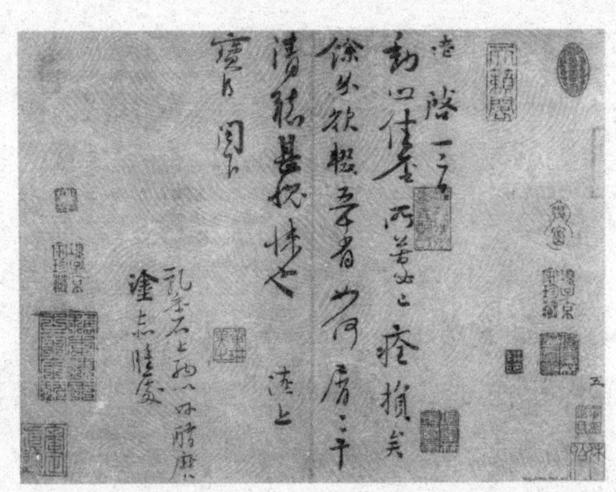

王安石却对此事予以高度重视。他看到大商人赚得巨额利润，财力雄厚，而官府却穷得开

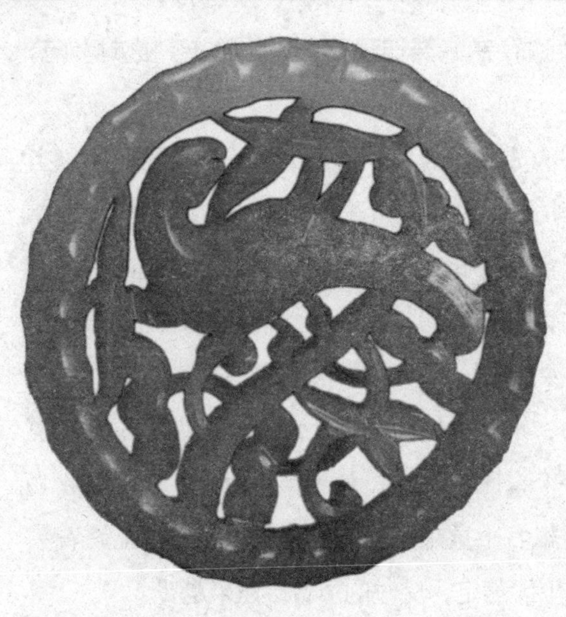

不了支。这说明社会财富分配因为这些大商人的活动而变得不合理了。能不能想办法把大商人的巨额利润变成官府的收入呢？

恰好，有一个穿得十分破旧的中年人到王安石府上投书。这个人叫魏继宗，是个平头百姓。王安石接到他的投书一看，虽然错字连篇，但颇有见解。

魏继宗在书中写到：现在京都之中，物价波动非常厉害。这种情况严重影响了老百姓的生活，这都是巨商大贾操纵市场的结果。魏继宗建议官府出面，动用政府钱财，买卖商品，平抑物价。

王安石执政以来，一直想发动百姓，提供改革建议，但是应者寥寥无几。见了魏继宗的上书，他非常兴奋。魏继宗所说的问题也正是他经常思考的问题。现在，改革进展比较顺利，他终于可以腾出手来解决这个问题了。

熙宁五年三月二十六日，经神宗同意，王安石开始推行市易法。“市易法”规定，在京城开封设置市易务，市易务实际上就是一个大国营批发公司，由国家拨款一百万贯做本钱，招募京城各行业的商人做经纪人，在物价低时大量收购，在物价高时大量出卖。以此来平抑物价，同时也赚取利润。由于国家资本的巨大，因此，市易务成了最大的垄断商，巨商大贾无人能与之匹敌。

市易务的长官是吕嘉问。魏继宗成了市易务的官员，由平头百姓一跃而成为国家官吏。在吕嘉问的主持下，市易法取得了初步成效，市场物价趋于平稳，官府也获得了许多收入。

然而，许多官员反对国家出面与商人争利。老臣文彦博说：“为了一点买卖水果的蝇头小利，而与小商人汲汲相争，这不是有损国家体面吗？外国使者看到了，会让人家看不起的。”此他觉得羞耻不已，堂堂朝廷命官竟然上街卖水果，真是大宋王朝的耻辱啊！

文彦博的看法在当时颇有市场。王安石的这一法令也确实有点超前了，以至于神宗皇帝也有点接受不了。他十分担心市易法会执行不好，经常询问法令推行情况。看了文彦博的奏折，神宗对王安石说："市易务卖果品，也太不像话了！确实有伤国体，让他们别卖了。"

王安石说："为什么卖其他东西不伤国体，卖果品就伤国体？都是商品而已！历来官家禁止私盐，卖公盐时不也是一斤一斤地卖吗？也不伤国体吗！"神宗见王安石说得有理，也就没有继续坚持。

市易法的推行，虽然有过一些曲折，但范围还是不断扩大。当时全国比较大的城市如杭州、大名府、扬州等地，都设立了市易务。这一办法收效还是比较明显的。据《续资治通鉴长编》记载，仅熙宁十年一年，开封的市易司就收得息钱一百四十三贯。这个数字相当于当时全国夏秋两税总收入的十分之三，如果加上全国各大城市中市易务的收入，那么数字就更加可观了。

（五）免役法

紧接着，王安石就推行了免役法。

宋朝的州县衙里，只有州官县令等几名主要官员是朝廷任命的，其他具体办事的人员都是由老百姓义务出工去做。比如看管官府粮仓，向省里或京里运送征收上来的财物，到乡下收取赋税，以及州县官员的跟班随从等，都要让富裕的农民义务承担。

这可不是什么好差事。没有工资报酬不说，负责收税的，收不上来税，就要以自己的家产顶税。负责向京城运送财物的，一旦路上遇到强盗，造成损失，也要全部包赔。运到京里，负责验收货物的官员还要大大搜刮一回，

百般刁难，吃饱了油水才算验收合格。因此，这些差事只能强行摊派给各乡富户，几年轮一回。不少人家因为承担差役而破产，人们都想方设法逃避差役，有的想出各种办法，隐瞒财产、降低户数等；有的违反政府规定，在父母健在时就分家产；有的甚至流亡在外常年不归。一旦摊上差事，往往几年也完成不了。熙宁二年二月，神宗在翻阅一个案卷时，发现一个江南来的差役，负责押运的货物不过才值七两银子，但是在库吏的百般刁难下，竟在东京呆了一年多，送了几十两银子，也没能交上差，一气之下，吊死在东京汴河桥下。这件事给神宗的震动很大，从那时起他就不忘要改革差役办法。

其实，到了神宗时，差役法已经成了全社会关注的焦点，许多官员都提出了改革差役法的要求，包括司马光和苏轼兄弟，都多次上书皇帝，力陈在差役法下百姓的苦难，提出了各种解决办法。王安石推出的免役法，可谓正当其时。

王安石所创的免役法，基本做法是改变过去无偿强派劳役的办法，而是按户等收取免役钱，用这些钱来雇人当差。

应该说，免役法的制定是中国历史上的一件大事，在某种程度上它的意义超出了熙宁新法的任何一项法令。因为在历史上，劳役制是生产力发展的一大桎梏，是商品经济的敌人，严重妨碍了农村经济的发展。王安石制定的免役法，用有偿的雇佣制代替了无偿的劳役制，按经济规律，减少了农民承担差役过程中的不合理现象，无疑是社会的一大进步。

然而，任何事情从设想到落实，都要经历艰难的过程。王安石为免役法殚精竭虑，七易其稿。接受了青苗法制定过程中一些问题考虑不周的教训，他精益求精，把种种可能发生的问题都想到了。在制定之后，又把草案发给各地转

运使等官员进行讨论，集思广益。在方案中，确定了这样一些原则：一是原来四等户以上都要服差役，现在三等户以上承担主要的差役钱，其余户只出少量的钱。二是原来不承担差役的官宦人家、寺庙道观，也要出钱，叫助役钱。三是在差役费用之外，还要多收一部分，作为不时之需。

在大部分官员都同意了这项法案之后，这项法案在东京郊县先试行一年，取得经验后，再向全国推广。

（六）新法效果

首先，困扰大宋王朝的最紧迫问题：财政问题解决了。原来一直入不敷出的朝廷不但实现了收支平衡，而且每年还有剩余。很快，朝廷就积累起了大量的财富。到熙宁六年，当时的财政收入已达五千零六十贯，比神宗即位时增长了一多半。

可以说，北宋长期以来的积贫局面，基本上改观了。

那么，这些收入是从哪里来的呢？原来，青苗钱岁入三百万贯，免役钱岁计一千八百七十二贯，两项合计就有两千万贯。青苗钱的利息是纯收入，而免役钱只须用其中三分之一雇人，剩下的三分之二就可做官府的纯收入。可见，新法确实“富国有方”。

那为什么反对派一直说新法使民不聊生呢？这就要看看新法都影响了哪些人的利益。可以说，新法使社会最上层和最下层的利益都受到了一定的损害，而中间层得益最大。

为什么这样说呢？青苗法剥夺了地主大户放高利贷的权力，并且还要强迫他们承担本来不需要的贷款，每年交百分之四十到六十的利息，他们自然怨声载道。

而一刀切的放款方式使广大

百姓的利益也受到了侵害。因为即使是贫苦百姓也不是每一户都需要贷款。而执行新法的大部分地方官员在推行过程中为了增加财政收入却都是强行摊派，使许多下层人户也凭空增加了一笔负担，况且许多地方官员还擅自提高了贷款利息。在旧体制下，中国官僚的劣根性是无法彻底根除的。任何一项利民措施，如果没有绝对有效的监督手段，都会变成害民的暴政。青苗法的执行就是最典型的例子。虽然王安石在执行中对此问题一再三令五申，也收效不大。在官府的强迫下，许多百姓为了还上贷款利息，反不得已向大户去借高利贷。青苗法与民间高利贷相互交织，彼此助长，使贫苦百姓的生活更加困苦。因此，反对派的一些说法并非没有道理。

再来看免役法。免役法使原来享受特权的官吏之家也不得不交免役钱，而且数额比较大。对于富户来说，在实行差役法时十年轮一次差，平均一年要一百贯钱。而实行免役法之后，每年要交五百贯，是原来的五倍。可以说严重损害了他们的利益，他们当然要借官吏之口大声反对了。

而免役法在执行过程中存在着和青苗法相类似的问题：地方官为了增加收

入，使原来规定不交免役钱的人家一律交钱。这种现象十分普遍，每户所交的钱虽然不多，但对原来贫困的百姓也是个不小的负担。因此有的地方出现了农民“杀牛卖肉，伐桑卖薪”来交钱的情况。由于下层人户在整个社会中占百分之八十以上，因此聚集起来，也是个很大的数额，占了免役法收入的大部分。

免役法不光收免役钱，还收“免役宽剩钱”，法定是百分之二十，但现在执行中几乎没有按这个标准执行，有的是百分之五十，有的干脆达到百分之百或者百分之二百。这样一来，财政收入自然增加，许多人也因为新法执行成效显著而升官晋级，然而广大百姓却吃了很大苦头。

然而，这些问题大部分都被基层官员掩盖了，而由反对派官员反映上来的，又由于多数人意气用事，被王安石和皇帝认为是攻击，也不以为然。这样，这些问题就不断积累起来，成为新法日后失败的导火索。

六、改革之二：强兵

（一）整军强武

宋朝自建立以来，军队人数不断增加，到宋仁宗统治时期，军队总人数已达一百二十六万人，军费开支占全部赋税收入的六分之五，成为财政上的沉重负担。这样大量的军队，不仅老弱病残，军营实际缺额严重，而且由于推行“更戍法”，军官频繁调动，造成兵不知将、将不知兵的局面。又由于缺乏训练，战斗力非常薄弱。不仅打不过契丹族建立的辽政权，就连与党项族建立的既小而弱的西夏政权作战，都难以招架。仁宗时枢密使田况对骑兵战斗力的描写，让人看了简直要发笑：沿边的守军骑兵，最精良的无过于如龙卫，而这个卫的骑兵居然有不能披甲上马的；其他的卫在训练时，皆望空发箭，马前一二十步箭即落地。以敌甲之坚，纵使能中，亦不能入，况未能中之。

这种状况促使宋神宗和王安石十分迫切地感到要提高军队素质、加强军事实力的必要，为了达此目的，变法期间推行了将兵法。

将兵法就是由朝廷选用具有作战经验和能力的将官，专门负责对某一地区驻军的军事训练。它是在吸取和总结了蔡挺在陕西泾原路带兵的实战经验的基础上制定的。蔡挺在对西夏的战争中立过战功，宋神宗即位后，任命他为泾原路的经略使。经略使是掌管一路的军事和行政的官员。泾原地处陕西，与西夏相近，是抵御西夏的要地。他到任之后，建立勤武堂，让部将每隔五天就检阅训练一次部队，使驻屯在泾原路的正规军分别由固定的将官统领，并且负责加

以教练，这种做法得到了宋神宗的赞赏。熙宁五年，蔡挺被升任为主持全国兵政的枢密院副使。这年五月，宋神宗还让蔡挺把在泾原路的练兵之法在崇政殿作了一番表演，然后把这种训练办法颁布给各路。

将兵法于熙宁七年首先在开封府等路实行，后推行到全国。总计全国共设置九十二将军，将军以下有副将、部将、队将、押队、使臣等军官，还专门设有教练官，负责军队的教练事务。这样一来，就出现了兵知其将、将练其士卒的新局面，部队的战斗力得到了明显的增强。

整军方面的另一项措施是保马法。该法是在熙宁五年五月开始试行的。古代作战，骑兵被看做是最重要的兵种，因此历代都很重视军马的饲养。宋朝的军马原来是依靠政府的牧监来饲养的，这样不仅代价高，而且也不能满足需要。原来的群牧使李中师曾经建议让民间饲养军马以节省国家开支，于是在变法期间就制定了保马法。

保马法规定，凡愿意养马的人家，每户一匹，富户可养两匹。马的来源可以是政府拨给的监马，也可以由政府给钱自行购买。养马户可免一些赋税，另外还有一些费用，但马死了要赔偿。

保马法推行，节约了政府的大量开支。按当时的价格计算，官养一匹马，每年需要二十七贯钱，而民间养马一匹所免除的折缘纳钱只合十四贯钱，每一匹马就少支出十三贯钱。同时马匹的死亡率还大大降低了，大约只有官养马匹的一半。而且保甲有马就可以练习快速追捕，进一步加强了大地主控制的保甲武装力量。可以说，保马法基本是成功的，是改革措施中弊端较少，成效较大的一个。

（二）保甲法

整军方面最重要的措施是保甲法。王安石认为，募兵制是宋朝百年来积弱的根本原因，是国

家的隐患，应该恢复古代兵民合一的制度。王安石在解释保甲法的起源时说，保甲之法起源于春秋时期的“作丘甲”，商鞅在秦国实行过。由此我们可以知道王安石的保甲法是把先秦法家商鞅等人所曾实施过的法令作为借鉴，是在仿效商鞅什伍之法的基础上发展起来的。

保甲法规定，乡村民户以十户组成一保，五十户为一大保，十大保为一都保。由主户中财产最多、才干心力最强的人担任保长、大保长和都保。不论主户、客户，家有两个壮丁以上的，都要抽一人做保丁，训练武艺。每一大保每夜都要轮差五名保丁在保内来往巡警，遇有盗贼，就报告大保长组织同保人户追捕。还规定，同保内如有人犯“盗窃、杀人、谋杀、放火、强奸、传习妖教”等案，知情不报就要连坐治罪。保内如有“强盗”居住三天以上，同保邻人即使并不知情，也要连同治不觉察的罪。

从这些规定我们可以明显地看出，推行保甲法的首要目的是在乡村中建立严密的治安网络，组织起一支由大地主控制的保甲武装，用来防止和镇压农民的反抗。当然，根据王安石的设想，保甲法的推行还有另一个目的，那就是想用保甲武装部分地取代正规军队，使之成为宋朝军事力量的一部分。这样既可以节省大量军费，又可以消减募兵制度下禁军的骄傲，从而提高战斗力，并逐步由募兵制度向征兵制度过度。

保甲法公布之后，到熙宁九年为止，开封府界和全国各路已经组成的保甲共为六百九十三万余人，其中已经进行军事训练的共为五十六万余人。这样既为禁军准备了大量的新生力量，又为整顿禁军提供了条件，初步达到王安石所期望的兵农合一的目的。

在保甲法的推行过程中，同样遭到守旧派的非议。担任大名府通判的王拱辰就曾经上书攻击保甲法夺农时影响生产，而且会导致农民不堪承受而进一步

铤而走险为大盗，反复要求至少也得取消下户的义务。后来，王安石取消了下户当保丁的规定。

宋神宗与王安石之间有关保甲法的谈话，也在一定程度上反映了当时的斗争情形。有一次，宋神宗对王安石说："募兵制度下的士兵专门练习战守之事，打起仗来可以依靠；至于民兵，是既要学习务农又要当兵，能依靠他们来打仗吗？"

王安石说："唐朝以前没有实行募兵制度，不是照样打仗吗？我认为民兵与募兵没有什么两样，重要的是在于带兵打仗的将帅怎么样！"

又一次，宋神宗批示："保甲中浮浪无家的人，不能让他们练习武艺。"

王安石说："这些人本来就武艺绝伦，又常常作奸犯科，如果不设法约束，恐怕会有严重后果。"

宋神宗说："那就把他们收到龙猛军吧。"

王安石说："还是应该按照他们的具体才能情况来作安排。"

可是宋神宗听不进去，始终认为让浮浪之人学习武艺会带来危害，觉得保甲法不如禁军法来得严密。

王安石说："当然保甲法也必须渐渐严密起来。不过纵然有个把浮浪凶恶之人，总没有良民人多，所以不至于有什么危害。民兵当差期间可以得到较高的待遇和得重赏的机会反而去做坏事呢？假如他真的去做了盗贼，也不过只是成为别的保丁们得赏的资本罢了，有什么可担心的呢？"

说到这里，宋神宗算是打消了原

来的顾虑，可又担心训练民兵的钱粮不够。于是，王安石为他算了一笔账。

王安石说：“京城地区原来的军队人数自巡检来取代，一年所用的钱粮不过八万贯。以十万人代替六千人，又每年多出十万贯钱来，还担心什么钱粮不够呢？”

这些话表明，王安石对于实行保甲法是有过仔细周密的考虑的。他有理有据的论说解除了宋神宗的种种顾虑，但是仍然堵不住守旧势力的攻击。

七、天灾人祸改革失败

（一）大旱袭来

似乎是因为王安石不信上天而遭到报复，就在王安石新法推行日渐深入之时，一场北宋历史上最大的旱灾从天而降。

从熙宁六年七月起，河北路、京西路、京东路、河东路、淮南东路、淮南西路等广大地区，十月不雨。大河小溪都干得见底，草木枯黄了，大片大片的土地龟裂开来，让人看了触目惊心。秋收、冬种、春播都被耽误了，许多地方还闹起了蝗灾，铺天盖地的蝗虫把大地上仅存的一点绿色掠去。在灾害严重的地方，树叶被吃光了，树皮被吃光了，草根也被吃光了。人们开始成批成批地饿死、逃亡。一批批衣衫褴褛的人盲目地在中原一带流亡。

报灾的奏折一封又一封飞入东京，王安石的桌案上每天都是一堆。朝廷已经竭尽全力了，可是国家存粮有限，基层官员的办事效率低下，贪官污吏不以民生为念，因此救灾效果并不明显。神宗一次次召开朝会，商议救灾办法，面对这样肆意的灾魔，群臣也只能徒唤奈何。

东京恰在重灾区，已经有越来越多的灾民涌进城内求食，昔日繁华的东京街道，现在遍布饥饿的灾民，他们破烂的衣衫、瘦得皮包骨的身躯、哀求的神情让每一位路人的心都不禁恻然。尤其是饭馆酒楼之上，他们一群群地围着桌子，可怜巴巴的眼神让食客们不得不把正在吃着的东西扔给他们，而一

个包子或一碗剩饭就会引起一场争夺。进入熙宁七年二月以来，灾民在东京城内闹事的次数越来越多，酒楼粮栈和大户人家屡屡被抢，整个城市人心惶惶。神宗整日忧心忡忡，寝食不安。这个励精图治的皇帝被苦恼笼罩，他不明白自己孜孜求治，八年如一日，为什么落得个国计民生并无太大起色，现在却又天下大乱起来的结果。

自幼受严格的儒家教育的影响，皇帝对“上天”一直怀着畏惧之心。虽然经王安石屡次譬喻讲解，天子仍然不能相信“上天”乃无心之物，不与人事相关。在一次召见中，神宗忧心忡忡地对王安石说：“卿向不以天象为忧，然此次旱灾凶恶，不比往常，你我君臣都当反躬自省，看看自身有没有什么做的不对之处。”

王安石虽然也因天灾而焦头烂额，但此事在他的心目中只是临时的突发性问题，在他的整个政治筹划中，绝不占中心位置。但他深为担心政敌会以此为借口对他进行攻击。因此，他尽力淡化此事。

但皇帝还是为此事困扰着。王安石见皇帝心绪不佳，就没有再说什么。第二天，皇帝从正殿移居偏殿，每天进膳时减去大部分饭菜，这叫做“避殿减膳”，是皇帝表示自我责罚、向上天认错的一种方式。

（二）流民图

地方官吏被越来越多的闹事事件惹火了。他们不想在天子脚下出什么大事，那样他们担待不起。于是，从三月底开始，东京府开始驱赶流民出城。

禁军马队挥动马鞭到处追逐着饥饿的流民。逃躲追逐之间，马蹄声、斥骂声、鞭打声、哭叫声起伏在京城街巷。

一位30多岁的黑衣官吏每天上下朝时都会看到这样的惨景。他叫郑侠，是京城里小得不能再小的官——司法参军。他是十年前的进士，为人果敢刚毅，

而且擅长丹青，曾很被王安石赏识，在南京时被王安石收为弟子，相处整整一年，研讨学术，讨论朝政，关系很好。但是，王安石为相后，他对王安石的新法并不赞同。在新法开始之际，王安石想调他进入新法班子，他婉言拒绝了。去年四月，王安石提举经义局修《三经新义》，又欲调他入局协助，他以“读书无几，不足以辱检讨”为由而拒绝，王安石一笑置之。弃高官厚禄不要而甘守清贫，王安石敬他这份操守。

郑侠自幼在孔孟的熏陶中度过，董仲舒的《春秋繁露》和历代儒者的论说，使他深信天命的存在。他觉得这场大旱，是上天示警。新法不罢，大旱是不会停止的。他知道王安石的脾气和想法，知道劝谏王安石是没有结果的。他决定置师生情谊于度外，冒死为这些可怜的百姓申诉。于是，他利用自己的特长，在家中做了一幅《流民图》，把京城流民的种种惨状形神毕肖地描摹在纸上，准备进呈给皇帝，以使皇帝猛醒。

用了三天时间，图画好了。接着，他起草了一封奏折，写了自己献图的目的。可是，如何把这幅画呈进上去，却让他犯了愁。因为他官阶实在太小了，没有给皇帝进奏折的权利，也没有机会接近皇帝。他先是托朝中同年进士、吏部侍郎赵无极，赵无极一口回绝。他又将之送到御史台，而今的御史台已经全是王安石的人马，虽是谏诤之地，可还是没有人敢收这样的东西。这幅画，只好静静地躺在家中的案上。

不久以后，郑侠终于找到了把画卷献给皇帝的办法，原来他来到中书门下侧门，找到一个朋友想办法，那个朋友建议他可通过驿站马递之途，绕过银台司而直达福宁殿。第二天一大早，郑侠身着朝服，怀揣印记，驰马出南熏门三十里，走进驿站，佯称自己是大内派出的督察官员，有密集奏状上呈通进银司台。驿站官员见其身着朝服，不敢

怠慢，即发快骑传递，奔向京都。

这封奇特的奏折就这样到了皇帝手里。这卷郑侠苦心构思的画图，生动地描绘了这场大灾的景象：面无血色的人民、干裂的田野、焦枯的禾苗。在画图的中央，是一个人市，一个瘦弱的儿童头上插着草标，抱着大人的腿哭着不肯离去，其情其景让人落泪……

生长在深宫里的神宗，哪里见过这样的情景！他简直不敢相信自己的眼睛：这就是朕治理的天下吗？朕天天废寝忘食，兢兢业业，就得了这样的结果吗？这就是朕日夜祈求的中兴景象吗？

他拿过旁边的奏折读起来，读到奏折里对流民惨状的描写，他确实感动了。这个小小官吏的一片忠心，在奏折中卓然可见。这个小官的建议也让他心中一动：陛下观臣之图，行臣之言，十日不雨，即乞斩臣于宣德门外，以正欺君之罪。这是多么正义凛然自信不疑的话啊！

史书上记载，看了《流民图》之后，神宗“反复观图，长吁数四，袖以入。是夕，寝不能寐”。

皇帝失眠了。第二天一早，皇帝没有征求王安石等大臣的意见，在早朝之上直接颁布谕旨：

“在东京城广设粥厂，倾尽官府存粮，赈济百姓。命各地官员迅速详细汇报灾情。新法暂停，令天下人对新法发表意见。”

新法暂停后不久，王安石被罢相，反对变法的大臣上台。虽然熙宁七年，王安石又得以复相，但是变法无法再推行下去。王安石变法以失败告终，但他毕竟为了扭转大宋王朝的命运而做了努力，作为后人我们应该记住变法的积极作用。

八、晚归钟山黯然辞世

熙宁九年，王安石携带家人回到江宁府。在江宁城东门外的一座山的半山腰，购买了一处低洼积水之地，开始建造自己的园林。园林建成后取名半山园。在这里王安石度过了他的晚年生活。

寻山问水是王安石一生的喜好，大自然永远是他的朋友。在繁华喧闹的东京呆了七年之后，他像倦鸟归林，无时无刻不想与大自然相依相伴。

在离开东京时，神宗曾赐给他一匹马，说送给他做脚力。王安石又买了一头驴。凡出游，或骑马，或骑驴，不坐轿。有人建议他，年龄大了，骑马不安全，不如坐轿子。王安石回答说："拿人当牲口，不习惯。"

在熙宁十年后的江宁，农民们经常可以看到一个老者，穿着普通的宽衣，骑着一匹黑驴，旁边走着一个迟钝的骑驴汉子，在野外四处漫游。说是漫游，因为王安石出游，随随便便，无预定目的地，完全凭兴致。

好佛、道的思想和感情有了进一步发展。儿子的死对他的打击是致命的。在这突如其来的打击下，他自然而然地选择了佛教作为精神避难所。听讲佛法、读经、研习佛道义理成了他生活的重要部分。王安石晚年所读的佛经主要是《维摩诘经》和《楞严经》，所信奉的主要是禅宗。在王安石晚年的诗里，随处可见禅的气息。有许多诗，本身就是用禅宗语言。

此外，与朋友相往来，也是王安石晚年生活的重要内容。在晚年交往的对象中，只有吕嘉问是昔日变法派成员，他的得力助手。其

他都是一些“处士”，他们讨厌科举，放浪形骸，孤介寡合，独来独往。此时，与之交往密切的，其中有俞秀老、俞清老、杨德逢等。王安石经常与这些处士交流一生的心得和感悟，还有一些很容易沉浸和陶醉的事情。

元祐元年（1086）四月，王安石的心脏停止了跳动，终年68岁。中国历史上一位大名鼎鼎的变法宰相，一位满腹经纶、才思睿智的博学文臣，一位性情豪迈、卓尔不群的士人，就这么永远地去了。

在王安石身后长达千载的岁月中，人们对他的褒贬毁誉，莫衷一是。不管怎样，一个谁也无法否认的事实：王安石，在中国历史上曾写下令后人永远争论不已的一页。然而，争议本身就意味着价值。

北国卧龙——耶律楚材

1215 年，成吉思汗的蒙古大军攻占燕京，闻听耶律楚材才华横溢、满腹经纶，遂向他询问治国大计。而耶律楚材的到来，对成吉思汗及其子孙产生了深远的影响。他采取了各种措施，为元朝的建立奠定了基础。

一、动荡的生活时代

耶律楚材是蒙古汗国的开国名相、著名的政治家和诗人。他的前半生生活在女真人建立的金朝统治之下，后半生则效力于蒙古国。耶律楚材生活的时代，正是中国历史发生巨大动荡的时代。唐灭亡之后，广大汉族聚居的地区开始进入分裂割据的五代十国时期。而在全国其他地方更有契丹、回鹘、吐蕃、南诏等几个少数民族政权与其并存，中国历史开始进入自魏晋南北朝以来的第二次大分裂时期。后来在中原地区建立起来的北宋王朝，在979年实现了局部的统一，结束了五代十国分裂割据的局面，但全国境内几个民族政权同时并存、互相对抗的局面并没有从根本上得到改变。

在这一动荡时期，中国北方地区先后涌现出辽、西夏、金、蒙古—元等四个由契丹族、党项族、女真族、蒙古族建立起来的王朝。它们相继建立，为中国历史的发展作出了巨大的贡献，并最终由蒙古族建立起来的元朝统一了全国，从而结束了自唐末以来中国数百年的分裂割据局面。

辽朝是由中国北方的契丹族建立起来的一个少数民族王朝。唐朝末年，契丹族逐渐发展壮大，在领袖阿保机的领导下，在916年建立起政权——辽朝。到圣宗统治时，辽朝开始进入全盛时期；到道宗统治时期，辽朝开始逐渐衰落。于1125年被女真族建立起来的金朝所灭，其残余势力进入今天的新疆与中亚地区，建立起西辽帝国。辽朝对当时中国各方面的发展作出了贡献，而耶律楚材的远祖即出自辽朝的契丹皇室家族。

金朝是由女真族建立的中国北方地区的封建王朝。女真族是一个古老的民族，主要分布在我国东北的黑龙江与松花江流域，即所谓的白山黑水地区。在

辽统治时期，女真族大致可以分为“熟女真”和“生女真”。后来生女真中的完颜部发展壮大。12世纪初，完颜部首领阿骨打开始起兵反抗辽朝的统治，并于1115年建立政权，国号大金。金朝建立不久，就向辽朝发起强大的攻势。在女真族的打击下，1125年，辽朝灭亡。从此，中国历史上由辽、北宋、西夏转变为金、南宋、西夏等政权对峙的局面。耶律楚材的先人，在辽朝灭亡后，转而成为金朝统治集团中的一员。耶律楚材的前半生是在金朝统治下度过的。

女真族建立的金朝，在相继灭亡辽与北宋后，统治的区域扩展到了黄河流域，受中原汉族先进生产方式的影响，女真社会开始逐渐从奴隶社会向封建社会转变。这期间在政治、经济、文化等方面采取了一系列的改革措施，以完成这一转变。到金世宗、章宗统治时期，金朝在政治、经济、文化诸方面均取得了较大发展，金朝的统治进入了相对繁荣的时期。而繁荣的背后也孕育着危机，随着金朝统治的稳固，统治者歌舞升平，奢侈腐化，腐朽没落。统治内部争权夺利，极大地削弱了统治阶级的地位。同时军队的腐化也非常严重，再加上女真族不断发动对外战争，造成国家财政枯竭。为了使腐朽的王朝正常运转，政府开始大量发行纸币，加重劳动人民的负担，使本来严重的阶级矛盾和民族矛盾更加激化。全国反抗女真族统治的农民起义不断爆发，已经严重威胁到女真的统治。到金章宗末期，金朝由强盛走向衰落。耶律楚材正是出生在这个大转折时期。

在金朝迅速走向衰落的同时，北方的蒙古族开始强大起来。蒙古族起源于

我国东北的额尔古纳河流域，9世纪中叶，蒙古族的先民开始逐渐向漠北即今天的蒙古高原迁徙，并与当地的游牧民不断融合。到12世纪初，蒙古已经发展成众多部落，其中较为有名的部落有乞颜、泰赤兀、弘吉刺、札答兰、兀良哈等。12世纪末，以克鲁伦、鄂嫩、土拉三河发源处为中心的乞颜部在其首领铁木真的领导下开始强大起来。铁木真经过多年的征服战争，统一了蒙古各部落，同时，相继消灭了周边的塔塔儿、克烈、蔑儿乞、乃蛮等强大部落，控制了整个蒙古高原。1206年，铁木真在斡难河（今蒙古鄂嫩河）畔，召开忽里勒台大会，铁木真被推举为成吉思汗，正式建立起蒙古国，随之一系列加强统治的制度建立起来了。蒙古政权建立后，开始继续向外扩张。在1227年灭亡西夏，1234年灭金，1253年消灭大理，并最终在1279年由忽必烈建立起来的元朝消灭南宋，从而再次统一全国，结束了中国数百年的封建割据局面。在领土扩张方面，元朝先后发动了三次大规模的远征，从而在人类历史上建立起一个前所未有的帝国。

蒙古政权初期，正是耶律楚材在金朝被任命为开州知事（一县之行政长官，同“知县”）时期。1211年蒙古军队开始攻打金朝，揭开了蒙古灭金的序幕。1215年金朝的中都被蒙古军队攻破，此时，25岁的耶律楚材在金朝的中都担任行尚书省左右司员外郎一职。三年后，他应召去漠北朝见成吉思汗。从此，耶律楚材成为蒙古贵族统治集团中的成员。他的后半生与蒙古政权有着密切的联系，他在政治、经济、文化等诸多方面为蒙古的发展作出了贡献，成为蒙古政坛上重要人物之一，也是中国历史上的一代名相。

二、初露锋芒的少年

耶律楚材，北方契丹族人，辽皇族的子孙，出生地在燕京（今北京）西山。复姓耶律，名楚材。金章宗明昌元年（1190）六月二十日，一个新的生命在尚书右丞耶律履的宰相府中诞生了。他是辽朝开国皇帝耶律阿保机的九世孙，耶律履这年 60 岁，老来得子，自然非常高兴。在这以前，耶律履虽然已经有了两个孩子，这时都已长大成人，可是其才平平。因而对这个晚年所得的幼子，他寄予很大的期望，常常对家人说："这孩子是我们家的千里驹，将来必定能够成就一番伟大的事业。"耶律楚材出生时，辽国已经被金所灭几十年了，此时金国的统治政权也已经摇摇欲坠。耶律楚材的父亲是一个有预见的人，他就借用《左传》中"楚虽有才，晋时用之"的典故，为儿子取了一个寓意深远的名字——楚材，字晋卿。这个名字，寄托了父亲的美好愿望。即使金国灭亡了，也希望儿子能通过其他途径成就一番事业。果然，耶律楚材这个金国的人才最

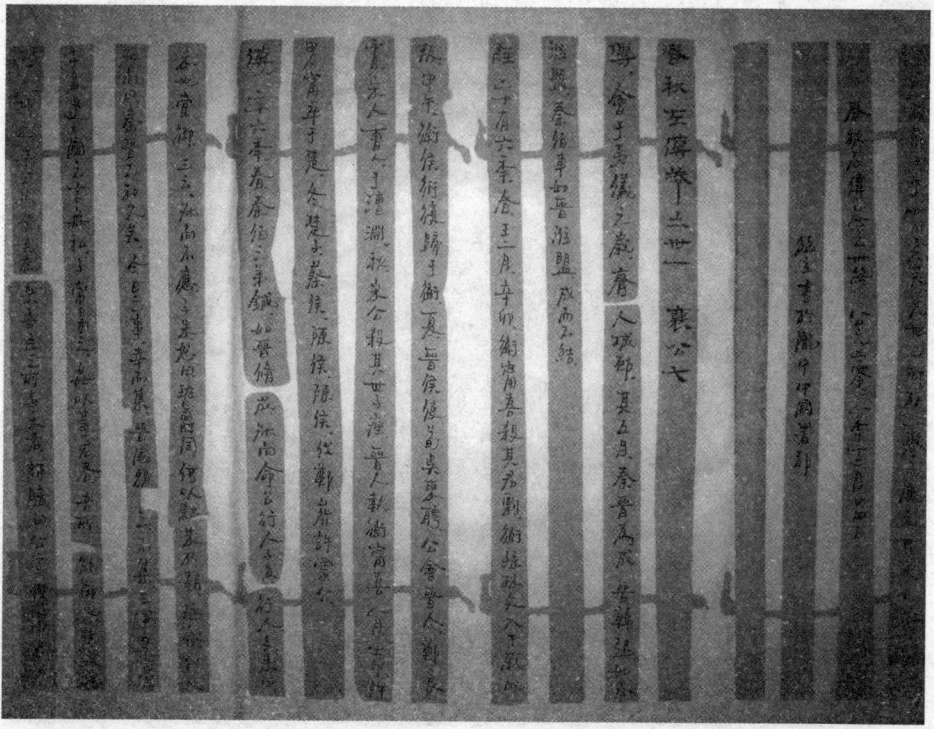

后成了蒙古国的著名丞相。

耶律楚材三岁时，父亲便去世了。其父为官清廉，又乐善好施，没有攒下殷实的家产。母亲杨氏是当时名士杨昙之女，出身于书香门第，自幼读书，很有文才，有较高的文化修养。她遵从丈夫希望楚材学有所成、光宗耀祖的遗愿，带着他从上都（今北京）回到老家东丹（今辽宁北镇一带）。在医巫闾山的桃花洞南部的悬崖上修了两间小屋，教儿子刻苦读书。母亲把全部心血和希望放在孩子身上，母亲曾经做诗言志："挑灯教子哦新句，冷淡生涯乐有余。"在那里，母亲耐心细致地教，而耶律楚材非常刻苦用功地学，母子俩虽穷苦但也其乐融融。正是在母亲的精心抚养和教育下，短短几年，他学到了很多知识和做人的道理。他秉承家族传统，学习汉文典籍，精通汉文，博览群书，旁通天文、地理、律历、医卜及释道之学，还写得一手好诗。金章宗泰和六年（1206），耶律楚材 17 岁，根据他学习的情况已经可以出仕了。按照大金国的制度规定，宰相之子可以赐补省掾（在朝廷各部门管理文书、处理日常事务的官吏），耶律楚材的两个兄长都是这么做官的。可是耶律楚材却不要这个特权，希望参加正规的进士科考试。金章宗认为旧的制度不应轻易更改，特别下了一道敕令要当面对他考试，亲自过问了几件疑难案件的处理过程，同时参加考试的十七个人中，耶律楚材答得最好，便被正式任命为某个政府部门的掾官，协助长官掌管文书，处理日常行政事务。后来又被正式任命为开州（今四川开县）知事（一县之行政长官，同"知县"）。25 岁那年，耶律楚材就任金国丞相完颜晖手下的左右司员外郎。

三、表现不俗的世俗弟子

耶律楚材的前半生，生活在女真人建立的金朝统治下。金朝的儒学，直接承继辽与北宋。在其统治期间，为了加强对北方广大汉族地区的统治，积极提倡学习与吸收汉民族的先进文化，兴孔教、尊儒学，兴办学校，培养人才，并兼采辽宋制度，通过科举考试等途径招揽儒士，从而使金朝儒学在短时间内迅速发展起来。从幼年时候起，耶律楚材就深受儒家思想的影响，长大后非常自负，自命为国家的栋梁之材。他强烈地追求功名，希望按照儒家的学说来治理天下。然而，他刚刚走上仕途不久，就经历了历史大变动的时期。于是，他对人生道路进行了重新选择。

1215 年 5 月，燕京城被蒙古兵攻破。这对耶律楚材的打击很大，他所追求的理想无法实现，他对军国政事完全心灰意冷，心中茫然。在这种情况下，他转而去探求佛祖的真谛了。

辽金时期佛教盛行，燕京也是佛教的中心。四处耸立的佛寺和道行高深的高僧，对青年耶律楚材很有吸引力。在中都被围以前，他已经表现出对佛教的兴趣。当时，禅宗曹洞宗在燕京的势力很大。在那些“禅伯”之中，有一位圣安澄公和尚，特别受尊重。耶律楚材以前读古时高僧的语录，有了心得就去叩问，有时候也得到这位高僧的点拨。中都陷落以后，有一次楚材又向澄公谈起这些心得，澄公说：“我已经老了，不能教你了。有个万松老人，儒释兼通，造诣精深，解说佛法，贯通无碍。你去拜访他吧。”

澄公和尚说的万松老人，即万松行秀禅师，自称万松野老。金代河内（今

河南沁阳）人。出家于荆州，是金元间的佛教大师（属佛教支派曹洞宗），同时深通儒家经典。著作有《从容录》《请益后录》《万寿语录》等。相传，他的道行极高，在金末备受朝廷的尊崇，地位十分显赫。金章宗曾几次诏他到内廷讲法，王公贵戚都虔诚地向他跪拜，施舍珍品、金银。耶律楚材很早就对万松老人十分敬仰，听说过好多有关他的逸事。有一次金章宗向报恩寺赐钱二百万，派遣使者送去。使者到了，万松老人率领众僧出来迎接，使者要他跪拜。万松老人冷下脸，说："阿弥陀佛！出家人并无此礼。"使者说："那我可就回去了。"万松老人说："你来传旨，老衲不敢不听；但若你不传旨，请便。恕不远送。"最后，使者不得不让万松老人站着听敕。这件事当时流传得很广，耶律楚材听说了这件事，对万松老人很是钦佩。

在澄公和尚的指引下，耶律楚材到报恩寺去拜见了万松老人，诚恳地表示要学佛法。经过一番谈话，万松老人让他做了自己唯一的及门世俗弟子（即居士），法号"从源"，自号"湛然居士"。耶律楚材从此在万松门下，开始钻研佛

经禅学。正如他在自己的诗文著作《湛然居士集》中所写到的“杜绝人迹，屏斥家务”，无论严寒酷暑都从不间断。这样夜以继日，废寝忘食，学习三年，终于领悟了禅宗的要领。他从万松那里受了“显诀”（决，指成佛之道），彻底懂得了“忘死生外，身世毁誉不能动，哀乐不能入”的道理。经过参禅生活的学习，他对尘世间的许多事务有了新的认识，显得超脱许多，但并没有逃避现实。在投靠蒙古政权后，他即以“天下匠”自居，幻想通过施展自己的才华，将受战乱之苦的广大劳动人民从困境中解放出来。

万松老人对耶律楚材的思想影响确实是巨大的。他一方面让耶律楚材领悟禅机，认识到佛法最为博大，最终一切都会归结为佛的旨意；另一方面却使耶律楚材保存了入世的念头。而若想入世，则必须实行儒家的学说，救国于危难，救民于水火。他要求耶律楚材以佛治心，以儒治国。耶律楚材遵照这一要求做下去，终于在乱世之中建立了特殊的治国功业。

在跟随万松老人苦参禅法三年以后，耶律楚材的思想成熟了。在他的思想中，有了“大道”的概念。他把这“大道”同佛法联系起来，认为它是宇宙的本相、人生的真谛、历史的镜子、光明的泉源。楚材把这“大道”比作海、镜、钟、烛，启发人们去领悟它。这个大道显然是唯心主义的，但楚材在说明它的时候，似乎有一些思想的火花在熠熠闪光。但同时，像万松老人一样，他又是一个三教同源论者。他认为，孔子、老子和释迦牟尼是三位圣人，“三圣人教皆有益于世者”（《西游录》）。在他看来，儒、道、佛三教中都有异端邪说，那是由于世上的人多好异求难；而蒙古国的崇尚宽仁，也促成了伪妄言行的滋长与泛滥。他要批判伪言邪说。

耶律楚材的处世哲学，既有中国传统儒学思想，又融入了佛教的成分，是在二者相互影响下

产生的。他本是儒教的信奉者，在他把佛法认作真理之源以后，也仍然十分重视孔教的价值和意义，他认为孔子的说教仍是人世间的“常道”。他始终奉行孔子的教导：用之则行，舍之则藏，进退存亡，不失其正。这也就是他心目中的圣人处世行事的态度。而且他还对此作了进一步的阐发：“否则卷而怀之，以简易之道治一心；达则扩而充之，以仁义之道治四海；实古今之通谊也。”

耶律楚材的思想行为往往充满矛盾。一方面他总想入世，积极参与当时的社会政治生活；另一方面他又觉得世上本来并无真正的是与非，一切都空幻如梦。他注重学习历史，并写过怀古的长诗，但用意也有两个方面：“使世人知成败之可鉴，出世（脱离世间束缚）之人识兴废之不常也。”他实际上在用自己的功业参与历史的发展进程，但同时对于历史上的兴亡胜负，却看得十分淡漠。他写过这样的诗句：“历代兴亡数张纸，千年胜负一盘棋，因而识破人间梦，始信空门一著奇。”纵观楚材的生平，我们可以看到，他在思想上一切以佛祖为皈依，但在行动上又往往遵循儒家的济世安民之道。耶律楚材的“治国”与“治心”实际上是在出世与入世方面，把佛教与儒学二者很好地联系起来。此外，耶律楚材的思想还有一大特色：他是一个汉化的契丹皇族后裔，崇尚汉文化，但却没有汉族士大夫狭隘的民族情绪和偏见，往往是站在第三者的立场去衡量历史上民族关系的是非功过。他没有汉族士大夫的华夷之分和华夷之防，相反，他的政治理想是华夷一统，共享太平。现在，蒙古兴盛起来，金朝衰落下去，他的政治理想只能依靠新兴的蒙古国的实力，才有可能实现。既然这样，如果时势的发展给了他个人入世治世的机会，他就决心顺应形势的变化，去实现自己的理想。

耶律楚材以佛教思想宽厚待人。完颜家族的后代行刺耶律楚材，耶律楚材缓缓说道："完颜姑娘，你已行刺过我三次。我身为大蒙古国宰相，灭了你大金国，害你父母。可是你知我的祖先却又是为何人所灭呢？"完颜萍微微摇头，道："我不知道。"耶律楚材道："我祖先是大辽国的皇族，大辽国是给你金国灭了的。我大辽国耶律氏的子孙，被你完颜氏杀戮得没剩下几个。我少时立志复仇，这才辅佐蒙古大汗灭你金国。唉，冤冤相报，何年何月方能了啊？"说到最后这两句话时，他抬头望着窗外，想到只为了几家人的帝王之争，满城民居尽成废墟，万里之间尸积为山，血流成河……不禁愁上心头。

四、成吉思汗时期的经历

（一）漠北觐见成吉思汗

通过二十多年的征战，铁木真消灭了塔塔儿部、克烈部、乃蛮部等蒙古草原上几个主要的部落后，其余的部落纷纷前来归顺铁木真。1205年，铁木真统一了蒙古。1206年春天，铁木真在蒙古人的诞生地——斡难河的源头召开了蒙古草原上所有贵族和那颜们的一次重要的“忽里勒台”，也就是盛大的聚会，铁木真被推举为“成吉思汗”，正式建立大蒙古国。“成吉思汗”是什么意思呢？有人说“成吉思”是大海的意思，“成吉思汗”就是拥有大海的可汗，代表非常强大的力量；也有人说“成吉思汗”的意思是“长生天派来的可汗”。蒙古人崇拜的神是“长生天”，长生天是萨满教对“天”的称呼。最初，蒙古人信奉的宗教是“萨满教”，萨满教是一种原始的宗教，萨满教也有自己的“神职人员”——萨满巫师。这些巫师都能作法，所以蒙古人打仗的时候都带着巫师。蒙古

人生病的时候，也会请萨满巫师作法。要成为一个萨满巫师并不是一件容易的事情。萨满教把世界分成“三界”：上界是神仙居住地“天界”；中界是人类居住地“人界”；而下界就是妖魔鬼怪的居住地“阴界”。长生天是世界上的最高神明，他主宰着世间万物。蒙古人都崇拜“长生天”，就连成吉思汗也不例外，对“长生天”充满了敬畏，并且祈求“长生天”的护佑。传说铁木真被推选为“可汗”后，他的手下为表达对他的爱戴，用奇珍异宝建造了一座蒙古包式的宫殿。有一天，一只无比奇异、美丽的鸟儿飞到了宫殿里，并在宫殿东南角的一块巨石上停了下来，全国谁也没有见过如此美丽的小鸟，人们都相信它是“长生天”派来的使者，将给蒙古带来好运，是吉祥之鸟。这只鸟一连三天都飞来停在宫殿的巨石上，并发出三声清脆而动听的叫声。它的叫声很像是“成吉思、成吉思”，于是，人们就称呼他们的新可汗为“成吉思汗”，因为人们相信这是上天的旨意，有着吉祥的含义。

成吉思汗并没有满足于蒙古国的建立，他开始凭借武力向外扩张，又把目光转向中原。成吉思汗出于消灭金朝的战略考虑，十分注意利用金国内部的矛盾，尤其是女真统治者与契丹人之间的矛盾。金在消灭辽国以后，对契丹人采取既钳制又笼络的政策，对归顺的契丹贵族存有戒心，不能充分信任。契丹人中也始终存在对金朝的仇恨情绪，不甘心长久处于女真贵族的统治之下。成吉思汗看到了这一点，就竭力争取金朝的契丹势力倒向自己一边，来实现消灭金朝的目的。1215年，蒙古军队攻下金国的中都（现在的北京城）以后，成吉思汗继续访求辽宗室近族。尽管耶律楚材年纪轻轻，但他博学多才的美名早已传出去了。成吉思汗得知身在中都的耶律楚材才华横溢、满腹经纶，就派人去请耶律楚材到漠北大本营见他。耶律楚材通过对金朝、南宋、蒙古汗国三方面的分析，认为只有在蒙古汗国自己能把才能发挥出来。于是，在万松老人的帮助下，三年之后，耶律楚材就去大漠拜见了成吉思汗。

耶律楚材之所以服务于蒙古国，是

和当时的形势分不开的。生活在金朝的耶律楚材，从小饱读诗书，把自己远大抱负寄托在金朝身上，以效忠金国、济世泽民为己任。可是腐朽的金朝在蒙古人的铁蹄下已经江山飘摇，金朝灭亡只是时间早晚的问题，大势已去，无可挽回。面对干戈四起、生灵涂炭的神州大地，他决定以自己的才华辅助成吉思汗，拯救水深火热中的人民。耶律楚材被成吉思汗征召，还有一个原因是——信仰原始萨满宗教的成吉思汗在当时急需找一些为他占卜的术士，而耶律楚材正好是这方面的专家。

1218 年 3 月份，耶律楚材从北京出发，向北穿越北京背面的重要关隘居庸关，经武川（今河北宣德）、云中（今山西大同之西），而后翻越天山（今大青山），经净州（今内蒙古四子王旗西北净州古城）、沙井（今内蒙古达尔罕茂明安旗东北萨其庙附近古城），向北穿越沙漠，历经艰苦跋涉，过了三个月，耶律楚材终于到达了漠北成吉思汗的大本营。这时正是夏天，他看到美丽的草原、气势磅礴的山河、一望无际的蓝天绿草，与众多的牛羊、庞大的军营、善战的骑兵，构成了一幅美丽的画面。

成吉思汗立即召见耶律楚材，发现他身材高大，美髯当胸，声如洪钟，仪表非凡。据元史籍《元文类》记载，成吉思汗见到耶律楚材后，朗声说："你们家族是辽朝的皇族。尽管你做过金朝的官，但我知道金与辽有世代冤仇，我要灭金为你报仇!"耶律楚材理应要代表自己的世代家族向成吉思汗谢恩，但是耶律楚材的回答让成吉思汗大吃一惊。他说："我父辈服侍金国，我既为金国臣下，就不会再记前仇了。"这话听起来好像在反驳成吉思汗，而且公然表明了对成吉思汗的敌人金朝君主的正面态度，可成吉思汗听后却非常感动。他认为耶律楚材是个忠诚、明理、可信任的人，十分欣赏他，就把他留了下来，让他在自己身边办事。成吉思汗不像对其他人那样直呼耶律楚材的名字，而是亲切地叫他"吾图撒合里"。"吾图撒合里"就是蒙古族长胡子的意思。耶律楚材这次是满怀着济世天下的雄心壮志来见成吉思汗的。

在得到接见后，他兴奋不已，对成吉思汗产生了莫大的希望，希望协助成吉思汗完成一统天下的伟业，希望从此能够施展自己的抱负，以儒家的主张来治理国家。然而，对一个刚刚归顺蒙古国的契丹族儒生来说，想在蒙古统治集团中取得一席之地是很难的。有个叫常八斤的制弓巧匠，所制之弓非常好用，常得到成吉思汗的夸奖。他瞧不起耶律楚材这样的儒士，有一天当着耶律楚材的面对成吉思汗说："国家正在以武力取天下，这个只会读书、写字的人，对打仗一窍不通，有什么用呢?"耶律楚材反对一味崇尚武力，更看不起常八斤这样的匠人，但他并没有生气，只是微笑着说："制造弓箭尚且需要弓匠，治理天下难道可以不用治天下的人吗?"常八斤无言以对。听到耶律楚材的话，成吉思汗很高兴，从此对他更加信任。

（二）随驾西征

蒙古帝国历史上有三次大规模的西征。耶律楚材跟随成吉思汗踏上西征花剌子模国之路，一去就是十年之久。首次西征源于"讹答剌"惨案。位于蒙古西边的花剌子模曾经是一个强大的国家，它的农业发达，领土西到今天的伊拉克，南到现在的印度。蒙古国建立以后，花剌子模国曾派使者前来祝贺，两国建立了友好的关系。后来成吉思汗决定两国实现通商，两国人民可以互相做生意。之后成吉思汗就派一百四十多人的队伍前往花剌子模国，包括使者、商人，并携带许多商品。经过长途跋涉，1218 年，终于到达了花剌子模讹答剌守城，负责守城的亦难赤看见蒙古商队携带了大量财物，于是起了念，诬蔑商队的成员为间谍。在征得花剌子模国统治者摩诃末的同意后，亦难赤将商队的财物全部没收，除了一名驼夫侥幸逃脱外，其他成员均遭杀害，这就是历史上有名的"讹答剌惨案"。于是，双方关系骤然恶化，一场战争由此爆

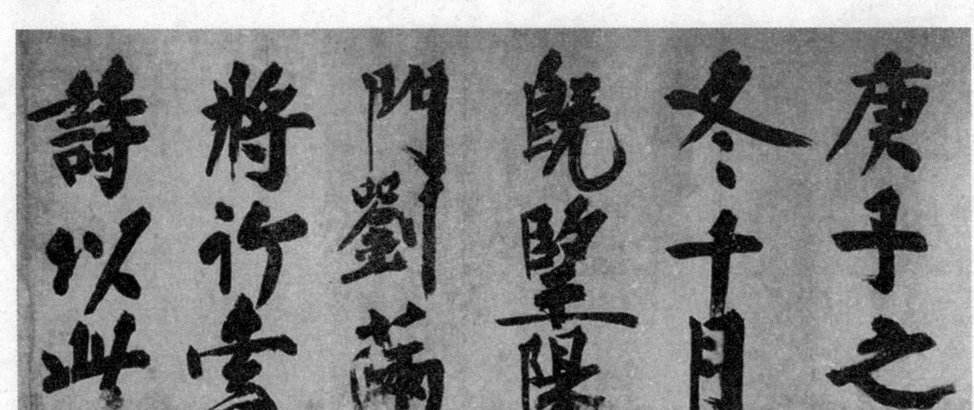

发。1219年夏六月，成吉思汗西征，耶律楚材奉命随行。虽然花剌子模的国王摩诃末也曾经征服了不少国家，但他的军事才能和成吉思汗相比，差距甚大。由于他的轻敌，没用多久，成吉思汗就攻下了一个又一个城市，花剌子模的军队节节败退。在成吉思汗的鼓动下，花剌子模军队内部倒戈，花剌子模就这样陷落了，国王摩诃末带着自己的亲人逃跑，成吉思汗的军队对他穷追不舍，国王摩诃末逃到了一座小岛上，最终病死在那里。

这就是蒙古人的第一次西征，由成吉思汗统率，从1219年到1223年，前后共用了四年时间，消灭了花剌子模国，占领了中亚的大片土地。在西征途中，耶律楚材担任过多种职务，而经常做的有两件事：一是汉文书记，二是星象占卜。祭旗那天，暴雪三尺。有人认为这是不良征兆，耶律楚材为鼓舞士气，便说："隆冬之气，见于盛夏，恰是打败敌军、获取胜利的好兆头。"耶律楚材因为能占卜星象，知书识字，了解天下大事，又精通医术，得到成吉思汗的信任。1222年的8月，西天出现彗星，有人以为成吉思汗将有不测，耶律楚材赶忙上奏说："此是金宣宗快要死了的异象。"成吉思汗听了很高兴，后来果然应验。当然，耶律楚材绝非有未卜先知之能，比较精准的预言都来自于他丰富的学识、过人的才智和对人心的准确把握。此时的科学研究水平很低，人们对天文、历法、星象等方面的知识知道得比较少，包括成吉思汗在内的蒙古贵族都非常迷信，每一次出兵前，都要由耶律楚材占卜吉凶。耶律楚材充分利用自己所掌握的天文、历法、星象等知识，帮助成吉思汗增强斗志，坚定胜利的信心。

根据汉文资料记载，有一回，当蒙古铁骑行军到铁门关（今乌兹别克斯坦

境内）时，成吉思汗的一个侍卫看到一个鹿形马尾、绿色独角、会说人语的怪兽（可能是犀牛），这只怪兽仿佛对侍卫说了一句："你的君主应当及早回去。"成吉思汗听了侍卫的陈述，感到很诧异，就去问耶律楚材。耶律楚材借机向成吉思汗谏道："此兽是祥瑞之兽，它的名字也叫角端，会说四方语言，性好生恶杀。它今天跑到这里，是上天派它来告诫大汗的——陛下您是天的儿子，天下的人都是您的子民，您应当顺承上天的心意，爱惜和保全老百姓的生命。"成吉思汗采纳了耶律楚材的建议，当天就班师东归。这段记载本身显然带有神话色彩，难以看做确切的史实。但也不完全是无中生有的编造，我们大概可以这样理解：当成吉思汗继续前进遇到困难的时候，曾再一次求助于占卜之类的迷信活动，而耶律楚材也一次一次地发挥了自己的特殊作用。自然，耶律楚材绝不会满足于充当占卜术士，他应诏北上、跟从西征，是为了说服成吉思汗采纳他以儒治国的方案。但是，总的说来，西域之行并没有改变他的志向。虽然"夙愿未酬"，但最初的志向仍旧不变。

蒙古太祖十八年（1223）春天，西征大捷的成吉思汗决定沿着原道班师。这年冬天，大营驻于撤麻耳干。直到蒙古太祖二十年（1225）春，他才返抵土兀剌河（今土捡河）老营。耶律楚材由于要在塔剌思城处理善后事宜，没有随成吉思汗大军东返蒙古本土。而在1225年冬至，耶律楚材已经到达渤海军的高昌城（今新疆吉木萨尔境内）。不久，蒙古征服西夏的战争爆发，耶律楚材随蒙古大军进入西夏境内，并在1226年的重午日（即端午）前后，进驻肃州的都善城（今甘肃酒泉）。

西夏位于蒙古的西南面，在现在的宁夏、甘肃一带。西夏为党项族于1038年在中国西北地区建立的政权，它的都城中兴府是今天宁夏的省会银川市。西夏先后与辽、北宋和金、南宋对峙近二百年之久。成吉思汗统一蒙古后，曾于1205年、1207年、1209年三次发动对西夏的进攻，迫使

西夏王国向蒙古称臣纳贡。根据双方的约定，1217 年成吉思汗向西夏征兵，去攻打花剌子模国。西夏国王不愿损兵折将，断然回绝了成吉思汗。成吉思汗对此一直耿耿于怀。九年后，成吉思汗西征回来，以“西夏不出兵”为由，兵分两路，向西夏大举进攻。

虽然西夏国上上下下进行顽强的抵抗，但由于两国实力相差太多，1226 年冬十一月，灵州被蒙古攻克。灵州被攻克后，成吉思汗留下一支军队围攻西夏都城中兴府，自己则于次年正月率军南下，攻入金朝境内。1226 年六月已被成吉思汗军队围困的西夏都城中兴府发生了地震，在内无粮草、外无援兵的情况下，西夏国王李晛只好派使者向成吉思汗投降，只求宽限一个月。成吉思汗同意在七月的时候接受西夏献城投降。就在这关键时刻，成吉思汗生命垂危。在临死前，成吉思汗将后事作了安排，一是秘不发丧，以免西夏国王李晛闻讯不降；二是军国发展大计，如何灭金、灭宋，实现天下统一。1227 年七月十二日，“一代天骄”成吉思汗在六盘山的军中去世。享年 65 岁。根据成吉思汗的遗愿，他被安葬在美丽的鄂尔多斯草原上，五百个怯薛军（近卫军）留下来守护他的陵墓，被称为“达尔扈特人”，他的子孙们世世代代守护着这座陵墓。但是在鄂尔多斯的陵墓里，只有成吉思汗的衣冠，成吉思汗到底葬在哪里，到现在还是一个谜。西夏国王出城投降，被蒙古军所杀。蒙古军队立即冲进城里，上至王公贵族，下到平民百姓，全部被蒙古军杀死。至此，建国一百九十五年的西夏宣告灭亡。

（三）与丘处机的交往

金庸的武侠小说《射雕英雄传》刻画了一位武功高强、心系天下人的道士——丘处机。其实他并非是小说中虚构的人物，而是确有其人，他就是元代著名的道士、全真教的掌门——长春子丘处机。在这次西征西夏的过程中，还

发生了一个重要事件，即全真教道士丘处机（1148—1227）西觐成吉思汗。由此，耶律楚材得以结识了这位来自中原的方外之士。全真教，为金朝初年在中原地区兴起的新道教，对当时中原地区的政治、经济、文化等均曾产生过深刻影响。丘处机为全真教创始人王重阳（1113—1170）的七大弟子之一，字通密，道号长春子，山东登州栖霞县人。在他担任掌门期间，全真教势力日益发展壮大，成为北方地区最具社会影响力的宗教派别。鉴于全真教影响的扩大，当时，北方的金朝与南方的南宋王朝都曾派人邀请过丘处机，却被丘处机一一拒绝。当有人对此提出质疑时，丘处机说：“我之行止天也，非若辈所及知，当有留不住时去也。”实际上，丘处机正在等待合适的时机，因为他清楚地看出，此时的金与南宋都已衰落，不会是他依靠的对象。1219 年，年过七旬的丘处机在接到成吉思汗的邀请后，爽快地答应了。当时，蒙古的势力越来越强大，但丘处机并不为寻求荣华富贵，而是另有目的。在历经艰苦的长途跋涉后，丘处机与弟子于 1222 年四月五日到达了成吉思汗在大雪山（今兴都库什山脉）的营帐，受到成吉思汗的隆重接待。丘处机受到成吉思汗的重视，直接得力于成吉思汗的亲信刘仲禄。刘仲禄是成吉思汗身边的御医，受到他的赏识。据说，他在向成吉思汗推荐丘处机时，原来谎说丘公年纪已达三百岁（其实仅七十多岁），有保养长生的秘术，引起了成吉思汗的特殊兴趣。故而命刘仲禄持手诏，携带“如朕亲行，便宜从事”的金虎符前去征召丘处机。

现在丘处机已经来到行营，成吉思汗当即予以接见。成吉思汗对丘处机不远万里奉诏而来，称赞了一番，接着就问：“真人从远方来，有什么能使我长生的药?”丘处机回答：“有卫生之道，无长生之药。”成吉思汗听了很失望，但真人的这种诚笃态度仍然赢得了成吉思汗的赞许。成吉思汗问：“如

何能一统天下？”丘处机说：“必在乎不嗜杀人。”又接着问：“如何治理天下？”丘处机说：“以敬天爱民为本。”再问：“如何能延长寿命？”丘处机说：“以清心寡欲为要。”成吉思汗经过一番深思，觉得丘处机的话很有道理，对自己以往的所作所为有了反思。正因为有了这件事，耶律楚材才成功地使成吉思汗结束西征。那么，丘处机不顾 72 岁高龄，率领 18 名弟子，跋山涉水数万里，去见成吉思汗，又有什么目的呢？原来，这位真人像耶律楚材一样，都是为了尽可能减少战争给人民带来的痛苦，劝说成吉思汗去暴止杀。他想“以无为之教，化有为之士”，以全真教义劝导成吉思汗不嗜杀人，为老百姓争取太平安生的日子。真人的说教对成吉思汗产生了一些影响。后人评说丘处机有“一言止杀”之功。在行宫中，成吉思汗对丘处机尊礼备至，不唤其姓名，只称呼“神仙”。在西域的日子里，耶律楚材和丘处机来往颇为密切。这两位一个是佛教的居士，正当壮年；一个是道教的真人，年已垂暮。虽然他们属于不同的教派，但此时两人有共同目的，那就是使成吉思汗终止残酷的战争，由武功走向文治，在蒙古国势力范围内，建立起正常的统治秩序和社会生活。虽然两人此时相处得比较融洽，但在某些方面还存在着分歧。1224 年（元太祖十九年），丘处机回到燕京，奉旨掌管天下道教，住在天长观（今白云观）。同年，丘处机获得成吉思汗的旨意，释放沦为奴隶的汉人和女真人三万余人。并通过入全真教即可免除差役的方式，解救了无数的百姓。自此，全真教盛极一时，丘处机的声誉亦登峰造极。据说当时寺庙改道观、佛教徒更道教者不计其数。1227 年（元太祖二十二年），丘处机病逝于天长观，终年 80 岁。元世祖时，追封其为“长春演道主教真人”。

成吉思汗时期，耶律楚材在政治上并没有得到重用，在西征期间，他实际上主要是作为一名宫廷占卜者与御用文人在成吉思汗出现。

五、窝阔台时期的建树

（一）辅佐登基和制定法律制度

蒙古人有个习俗，就是一家之主死后，便由最小的儿子继承和管理财产；所以成吉思汗死后，暂时由成吉思汗的幼子拖雷管理国家，历史上称这段时期为拖雷监国时期。但是成吉思汗在世时，已经指定窝阔台为汗位的继承人。尽管窝阔台是第三子，由他来继承汗位并不符合蒙古长子享有优先权和幼子具有受产权的习俗，但成吉思汗还是做出了这样的决定。可是，即使有成吉思汗的决定，等到他死后，汗位继承问题仍很难解决。依照蒙古草原旧俗，大汗必须经过忽里勒台大会，由各地宗王贵族共同选举才能产生。

蒙古太宗元年（1229）秋天，筹备已久的忽里勒台大会终于在怯绿连河的曲雕阿兰之地召开。这是一次规模盛大的聚会，该参加的诸王贵族和大臣们都参加了，耶律楚材以占卜者和前任大汗侍从的身份，也参加了这次大会。在大会上，继承问题一直讨论了四十天。讨论的详情不得而知，但长时间的讨论，本身就说明会上出现过严重的分歧。到第四十一天，事情才定下来。主要是根据成吉思汗的遗愿，同时占星家和很多珊蛮已经选定了一个“黄道吉日”——八月二十四日。而此时已经到了二十二日，却仍然没有结果。于是，耶律楚材

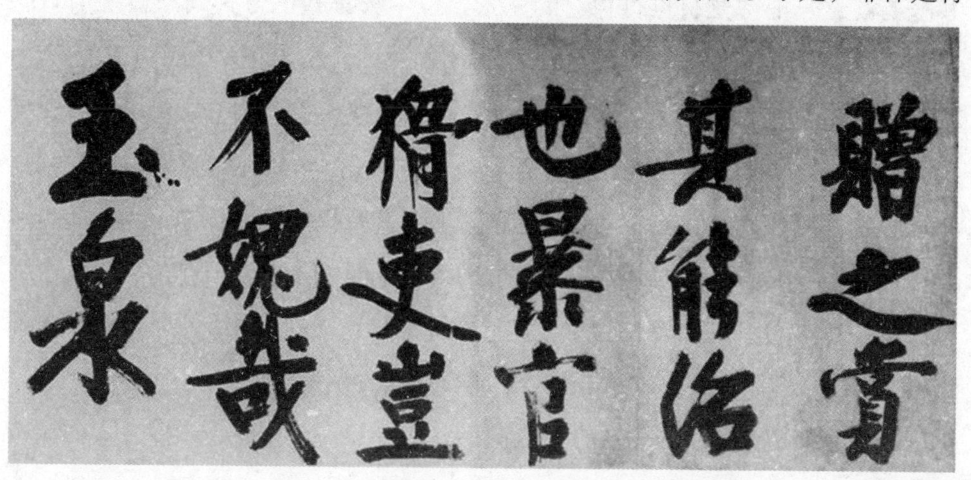

站出来，对大会的关键人物拖雷说："这是关系到国家的大事，如果不早定下来，恐有变故。"拖雷犹豫不决说："再择日如何?"耶律楚材则说："过此日皆不吉。"最后，在拖雷等人的坚持下，窝阔台终于如期登上了大汗宝位。窝阔台，蒙古人多称之为合罕皇帝。显而易见，是作为占星家的耶律楚材促成了窝阔台即位的大事。

在窝阔台即位时，耶律楚材依照中原王朝的传统，制订了册立仪礼。蒙古国里虽然有贵贱尊卑之分，但是从来没有像中原地区封建王朝那样有严格的君臣之别。耶律楚材对察合台说："您虽然是兄长，但是论地位却是臣下，按礼制应该向大汗跪拜。你拜了，就谁也不敢不拜了。"察合台原本就是支持窝阔台的，认为耶律楚材说得有道理。到窝阔台即位那一天，察合台率领皇族及大臣们在帐下行拜礼。退下来的时候，察合台还夸赞耶律楚材礼仪制定得好。蒙元时代对汗的拜礼，就是从这时候开始的。当时，有不少应当参加登基典礼的人迟到了，按照蒙古习惯，是要处死的。耶律楚材又奏请窝阔台，在这个即位的日子里宽恕了他们。参拜礼节的制定，使大汗在蒙古贵族中至高无上的地位得到了确认和巩固，增加了大汗的威严和权力。这是耶律楚材推行自己的主张，按中央集权的方式向蒙古统治者施加影响的第一步。

蒙古国社会制度和政治制度，都是古代蒙古社会的产物。成吉思汗热衷于不断征服，但来不及考虑如何治理国家。现在，这个问题摆到窝阔台的面前。此时想起父亲对自己说过："耶律楚材是上天送给我们家的礼物，皇天委派他来帮助我们打江山。我死之后，你主持国政，军国大小事务，你都可以放心交付给他去办理。"现在，窝阔台确实需要耶律楚材这样的人才，来辅佐自己治理国家了。

过去，蒙古人治理国家的方法很原始，成吉思汗建立蒙古国后，立即颁布

了“大札撒”，大札撒就是大法典的意思，里面收录了成吉思汗颁布的所有命令。在“大札撒”里，成吉思汗对很多问题都进行了“立法”，如规定国家的最高权力集中在可汗一个人身上，如果可汗死了，则要举行忽里勒台推选新的可汗，但是新的可汗必须是成吉思汗的后代；杀人、盗窃的人都会被处以死刑，为了更好地执行命令，成吉思汗任命他的义弟为总断事官，就是“法官”的意思。成吉思汗时期并没有制定完整的法律，“大札撒”只是一种适用于草原的习惯法。随着蒙古国统治地区的扩大，社会治安、吏制等问题日益严重。成吉思汗生前定下的类似于部落联盟内部规矩的“大札撒”根本不能适应复杂的社会形势。当时州郡长官贪暴肆虐，富豪任意兼并土地，地痞流氓杀人越货的现象十分严重。耶律楚材针对社会现实，依着中原的若干法律原则向窝阔台提出了“便宜十八事”，内容大致为：“郡宜置长吏牧民，设万户总军，使势均力敌，以遏止骄横。中原之地，财用所出，宜存恤其民，州县非奉上命，敢擅行科差者罪之。贸易借贷官物者罪之。蒙古、回鹘、河西诸人，种地不纳税者死。监主自盗官物者死。应犯死罪者，具由申奏待报，然后行刑。贡献礼物，为害非轻，深宜禁断。”这些建议，除了贡献之外，大都为窝阔台汗所采纳。耶律楚材提出《便宜十八事》作为临时法律，严禁地方官吏擅自滥杀老百姓，不准商人财主贪污公物，打击地痞流氓杀人盗窃，禁止地主富豪夺取农民田地，这样，社会秩序渐渐稳定了下来。

窝阔台做可汗的时候，有个贵族向他建议说：“汉人对我们大蒙古国没有什么好处，可以把这些汉人清除掉，把汉人的地方变为牧场，那我们就有无边无际的牧场了。”放牧牛羊只能养活很少的人，适合地广人稀的蒙古大草原；而如果把整个中国的田地都改成牧场，那就会有数不尽的人饿死，而且织布

的棉花也没了。幸亏耶律楚材及时劝阻，他说：“陛下行将南征，要有充足的供给。倘若在中原厘定赋税，每年可以得到税五十万两银子、八万匹绢、四十余万石粮食，这些财物足以供给军需，怎么能说没有好处呢?”窝阔台也问：“真的能这样吗?”耶律楚材说：“我计算了一下，每户课粟二石，以二十万户记；盐课以每重四百斤，价银十两，酒课按实息十取一，杂税三十取一；以户记出赋调，五户出丝一斤，正好是刚才所说的数字。”窝阔台听到这么大的数目，就采纳了这个建议。建立赋税制度的首要任务，是重新建立一套完善的国家赋税征收机构，耶律楚材于是奏准设立了十路征收课税使，来实现自己的计划。而这十路的正副课税使，他都委派了儒士担任。

这是蒙古统治集团大批任用汉人之始。为了让这些课税使确能掌握征收赋税的实权，耶律楚材后奏准这些人专掌钱谷之事，各地札鲁忽赤、都元帅、知州等官，皆不得挟制。这些儒士出身的课税使，施展治国的本领，帮助耶律楚材实现征收赋税的计划。窝阔台虽然并不认识耶律楚材所任用的这些人，但仍毫不犹豫地同意了。这是蒙古国实行赋税制度的开始，也是大批任用汉族儒生的开始。

蒙古太宗三年（1231）春天，汗廷又颁布劝农诏书，使中原各地农村安于农业生产。当时窝阔台已开始大举伐金。秋天，窝阔台来到云中，耶律楚材让十路课税使把赋税簿册和征收到的金帛给窝阔台展示。窝阔台看到收来了这么

多粮食、布匹还有银子，非常高兴，说：“耶律楚材真是神人啊！”耶律楚材说：“这些都是课税使们的功劳。”耶律楚材的财税征收初步取得了成效，他开始逐渐得到窝阔台的信任。由于征收赋税这件事做得比较好，窝阔台突然想起一件事，对耶律楚材说：“前些天你不是提议设置中书省吗？从现在起，你便是中书省的中书令！”耶律楚材故作焦急地说：“我虽然提议仿效南宋设置中书省，但中书令统驭百官，位高权重，非德才卓越之人不能胜任啊！”窝阔台说：“你不正是德才卓越的人？”于是窝阔台便下诏给各地，设立中书省，由耶律楚材任中书令，相当于南朝的丞相。镇海为中书右丞相（当时蒙古族尚右），粘合重山为中书左丞相，辅助中书令办理一应政务。窝阔台继续说：“以后，无论朝廷、地方，也不论是可卜温还是那颜，课税使也在内，有什么事要禀奏，都要以奏折先投中书省，由中书令与右丞相、左丞相商议，区别轻重缓急，轻的放弃，缓的往后延，选紧急的、重要的报于我知。便是我的至亲二阿哈可卜温，有要事见我，也得先禀告中书令，由他引见。”

在丙申分封的同时，在耶律楚材的主持下，蒙古政权的新赋税制度也开始正式确立起来。新赋税制度大致包括以下内容：首先是税粮。在当时共分为两种：即丁税与地税。丁税的交纳者，主要为普通民户。此外，还包括了官吏、商贾。成丁每年征粟二石；驱丁（被俘后服杂役的男丁）每年征粟五升。地税的数额是：“上田每亩税三升半，中田三升，下田二升，水田五升。”其交纳者，主要为工匠、僧、道等。当时实际情况是普通民户恐怕绝大部分交纳的是丁税，而不是地税。其次是科差。在当时主要为丝料，又称丝线。由于当时蒙古政权还没有正式发行货币，故丝料成为当时征收赋税的一个重要手段。实际上是“五户丝”制度。其具体内容为：“每二户出丝一斤，上缴汗廷以供国用；每五户出丝一斤，给予所赐之家。”再次是诸色课程，

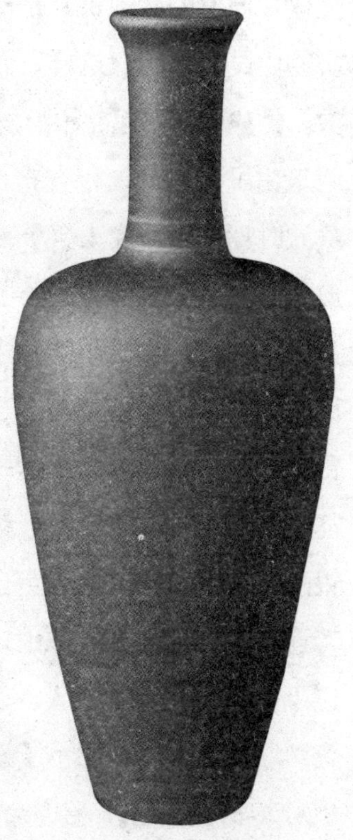

即商税三十分之一，盐每银一两四十斤。总的说来，这样的赋税定额是比较轻的，有利于当时已遭破坏的中原地区休养生息。新赋税制度虽然确立了，在戊戌年又曾免除天下赋税，但蒙古贵族往往在规定之外，随意征索需求，压榨百姓。蒙古太宗八年(1236)，在制定赋税制度的同时，耶律楚材还实施了两项重要的政策。蒙古建国之初，社会秩序紊乱，盗贼很多，商贾常常被盗。蒙古国是保护商贾的，规定凡是商贾失盗的地方，限一年内破获，过了年限，失盗的货物由民户代偿。这样，因失盗而需代偿的货物，前后积累起来，每每以万计数。民户代偿不起，不断发生逃亡。耶律楚材规定，失盗不获的，以官银补偿；原来由民代偿的，也宣布作罢。另一项是制止羊羔息。“斡脱”源于突厥语，蒙元时期，西域商人善于商贾，其与蒙古接触后即代理蒙古人经营商业及银钱放贷，这些人被称之为斡脱，其所经营的货币资被称为斡脱钱。斡脱钱的利率是一年一倍，如果不能偿还，第二年要将利息计入本钱，再取一倍的利息，因而被称为“羊羔利”或“羊羔息”。这是十分严重的高利贷，如果向斡脱贷一两银子，借十年，本利可达一千零二十四两。由于战乱不停，蒙古国汗廷向各地征收了大量银两和马匹、粮食等等，再加上战乱和自然灾害频繁，百姓拿不出银两，只能以房屋甚至妻子儿女作抵押。州县官员只好向斡脱贷银，上交汗廷，若连年还不上，巨债如山，就出现一些地方官挂印弃官而逃的现象。一位知州还不上债银，为了家人不受牵连，也为了引起汗廷对斡脱钱暴利危害的重视，毅然服毒自杀，并写下了遗书。这件事惊动了朝廷，引起了朝廷的重视。耶律楚材奏请窝阔台下诏，命各路将其所欠斡脱钱现状查明上报。耶律楚材说：

“各地债务年年增加，何时是个尽头？最后受害的，将是蒙古国！”在耶律楚材的建议下，1240年，窝阔台汗不得不下诏由国库钱财支付民户和官吏欠下的斡脱钱债，总值达七万六千锭。根据耶律楚材的建议，蒙古国规定：从今以后，不论岁月远近，“子本相谋，更不生息”。也就是说，不管借债多久，利息只能生到债本一倍，到了一倍，便不能再增加。这两项政策，无疑也有利于减轻人民的负担。

（二）削弱地方势力与爱民、纳贤

在蒙古兴起、征伐金国的过程中，有一大批金国官将和地主武装的首领归附了蒙古，主要是汉人，也有契丹人和女真人。从13世纪20年代起，他们逐渐成为蒙古政权下新的权贵，形成了专制一方的地方势力。他们作为蒙古国的臣下，对蒙古统治者承担两项基本的义务：出兵从征和缴纳贡赋效忠可汗。在履行义务的前提下，蒙古统治者承认他们称霸一方的权力；他们一旦遇到军事威胁，蒙古国也给以武力保障。这些权贵们的献纳，是蒙古国重要的财政来源。他们的军队后来为蒙古灭金和灭宋，立下了汗马功劳。

然而，权贵独霸一方的状态，从根本上说，是不利于蒙古统治的巩固的。权贵的官职是世袭的，甚至一门数人都担任要职。他们在管辖的范围内，集军、民、财权于一身，既是军事长官，又是行政长官。他们可以自设衙署，任命官员；自定赋税，进行征收。这很像唐代的藩镇。各汉人世侯都拥有一批依附人口，这些依附人口，负担沉重的赋税和劳役，不能随意迁离，身份地位很低。汉人世侯还占有大量驱奴，多到数百上千。汉人世侯形成了一个自治的割据性很强的势力范围。针对这些地方势力，耶律楚材曾多次向窝阔台汗提出过自己的解决方案。比如十路课税所成立后，1230年，耶律楚材

奏准“长吏专理民事，万户府总军政，课税所长钱谷，各不相统摄。”耶律楚材的目的，是想让地方的民权、军权、财权三者分开，互不统属，以达到削弱地方势力的目的。原来权贵们各霸一方，独掌军、民、财权，现在耶律楚材加强中央集权的这些举措，要这三权都分开，无疑是触动了权贵们的命根子。权贵们气愤极了，决心要除掉耶律楚材。由于权贵们的抵制、反对和攻击，使耶律楚材削弱他们势力的计划不能顺利实施。当时基本上做到的只是“课税所掌钱谷”，而军、民分治的方案，实际上一直没能得到贯彻执行。当时蒙古仍处在四面征伐的情况下，所以没有得到很好的实施。安抚了率领军队的权贵，也就延缓了地方上军、民分治的实施。一直到忽必烈继承汗位以后，这件加强中央集权的大事，才再次提上议事日程，并得以实现。在他死去二十多年以后，元世祖所实行的罢世侯、行迁转法的措施，实际上正是在完成耶律楚材的未竟事业。尽管如此，从这里仍可以看出耶律楚材是一位有远见的政治家。

耶律楚材实施的劝农措施和征收赋税的办法，促使中原地区经济迅速恢复、社会相对安定、财政收入充足，保证窝阔台大汗成功地发动了最后灭亡金国的战争。

蒙古太宗四年（1233），窝阔台在南征渡过黄河以前下诏：逃难的人和来投降的人，免死。但有人说：有些人在形势不利的条件下投降了，形势缓和了又逃走，不杀他们，就是帮敌人的忙，不应该宽恕他们。耶律楚材坚决不同意这种说法。他奏请窝阔台，制作了数百面旗子，发给归顺者，让他们手拿旗子为凭证，回归故乡，这样使许多百姓免于屠戮，获生者不计取数。

蒙古国的军队在战场上捷报频传。蒙古太宗五年（1233）正月，金帝完颜

守绪从汴梁出奔归德（今河南商丘南），命元帅崔立继续死守被围困的京城，顽强抵抗。不久，守城元帅崔立向蒙古投降。蒙古的军事传统是这样的：凡是敌人进行抵抗的，取胜以后就以屠杀相报。现在，汴京即将落到蒙古军队手中。围城的蒙古将军速不台，派人向窝阔台报告说：“这城对抗那么长久，我们的士兵死伤了许多，应该在占领之后实行大规模的屠城。”耶律楚材听到这个消息，急忙面奏大汗，说：“将士们不惜性命，英勇作战了几十年，攻下汴京，图的是什么？不仅仅是城池、土地，更重要的是人。如果得了城池、土地，而没有了人，那么城池、土地又有什么用呢？”窝阔台一时犹豫不决。楚材接着又说：“汴京乃金朝国都城。金国最好的弓矢、甲仗、金玉等工匠以及官民富贵之家，都聚集在这座城里了。把他们都杀了，那我们就一无所得，白白地打了这一仗！”窝阔台这时候才觉得楚材说得有理，终于下了一道诏书，要求速不台等前方将领，做到“除完颜氏一族外，系皆原免”，就是只准杀金朝的皇族，这使汴京军民免遭了一场空前的浩劫。当时在汴京避兵的有一百四十七万户，楚材又奏准挑选其中的“工匠、儒、释、道、医、卜之流”，让他们散居河北各地，由官方给予赡养。蒙古对待汴京的这种宽大措施，在以后攻取淮河、汉水流域各个城市时，也得到沿用，成了定例。

此外，当时蒙古方面在河南一带俘获了许多人，俘虏后逃亡的现象很普遍。为此，窝阔台颁发禁令：“凡是让逃民居住及给予资助的人，都是死罪，一家犯禁，余并连坐。”这一恐怖政策使得当时人心惶惶，虽然是父子兄弟，一旦遭到俘获，亦不敢相认。于是人们不敢再收容，逃民们纷纷在路途上饿死。还是耶律楚材站出来说话，他向大汗进言：“河南已经平定，百姓能走到哪里去呢?何必因为一个俘囚而连累数十百人的生命!”窝阔台又被他说服了，下诏解除了禁令。

此外，值得一提的是在癸巳年（1233）元好问给耶律楚材的一封信。在金国最后灭亡的前夕，汴梁

城里聚集了很多儒生，其中不乏当世的人才。金亡后士大夫何去何从呢？蒙古军队刚占领汴京，蒙古太宗五年（1233）四月二十二日，元好问就给耶律楚材写了一封信。在这封信中呼吁耶律楚材保护中原儒士，他特别开列了五十四个士大夫的名单，指出这些人都是“民之秀而有用于世者”。

楚材看完元好问的信，感到他和自己的想法一致。耶律楚材早已认识到保护这些人才的重要意义。在汴京攻下之前，已派人入城去争取孔子五十一世孙元措以及名儒梁涉等人。事实上，这五十四人中，后来确有一部分人协助耶律楚材在政治、经济、文化各方面做了不少事情。对他们的保护，为以后元朝初年的文治大兴奠定了坚实基础。

（三）对中原的贡献

蒙古太宗六年（1234）正月，蒙古与南宋的军队联合攻破蔡州，金朝灭亡了。灭金以后，耶律楚材认为，蒙古国现在出现了一个历史的转折，可以“行仁义”，以儒治国了。

耶律楚材以儒治国的方案是什么呢?这在他写的《西游录》中，已经借“客”之口表达了一个大纲，就是：定制度、议礼乐、立宗庙、建宫室、创学校、设科举、拔隐逸、访遗者、举贤良、求方正、劝农桑、抑游惰、省刑罚、薄赋敛、尚名节、斥纵横、去冗员、黜酷吏、崇孝悌、赈困穷。

当时，大汗窝阔台对楚材确实是赞赏和器重的，所以他的方案有一部分得到了实施。他甚至可以参议汗廷的军国大事（非蒙古人一般不能参与），并发挥重要的作用。1235年春天，和林的万安宫落成，这是矗立在蒙古高原中央的十座汉式宫殿。窝阔台在这里大会诸王、群臣，亲自向耶律楚材赐酒。窝阔台说：“我遵从先帝之命任用了你，对你报诚相待。没有你，也不会有今日的天下。我现在可以高枕无忧，就是得力于你。”

中国历代王朝都注意户口的调查和编籍。在封建时代，户籍是行政区划和政治实施的基础，也是国家对百姓进行人身控制和赋役征派的依据。为了增加国赋，就必须掌握中原汉地的民户数目。因此，窝阔台进行了大规模的籍户。元太宗五年（1233），窝阔台“以阿同葛等充宣差勘事官，括中州户，得户七十三万余”（《元史·太宗纪》）。这是蒙古汗廷首次在华北地区进行户口调查，这次括户实际上很不彻底。蒙古国于1234年灭金后，很快便在“汉地”（原金朝统治的地区）进行户口登记。窝阔台发布圣旨：“不论达达、契丹、女真、汉儿人等，如是军前掳到人口，在家住坐做驱口；因而在外住坐，于随处附籍，便系是皇帝民户，应当随处差发，主人见，更不得识认。如是主要识认者，断按答奚罪戾。”这次户口登记主要是在乙未年太宗七年（1235）进行的，元代文献中常称之为“乙未括户”。依据窝阔台下诏括编户籍，指定由当时担任中州断事官的失吉忽秃忽负责；在这次括户期间，对于以丁，还是以户来编定户籍，曾在蒙古宫廷展开非常激烈的争论。在括户的方法问题上，朝臣们都主张依照蒙古和西域的成法，以丁为户，按丁定赋。但是耶律楚材说：“自古以来，据有中原的人，未尝以丁为户。如果非要这样做不可，人们可以输供一年的赋税，接着就逃亡离散了。”耶律楚材几经争取，才最终使蒙古政权采取了中原传统的以户为标准进行编户的方法。

蒙古太宗八年（1236），失吉忽秃忽在中原完成户口的括编，共一百一十一万余户，人口一千二百余万。现在失吉忽秃忽建议，对这次括编的户籍，仍然根据蒙古制度，割裂州县，分封给诸王、勋臣。耶律楚材劝阻说：“这样的裂土分民，容易出现问题。对于诸王、勋臣，不如多给金帛，作为皇帝的恩赐。”窝阔台说：“我已经准许分封了。”通过这次括户，蒙古宗王、大臣和各族权贵的大量驱口（原意为“被俘获驱使的人”，指被逼为奴的战俘和百姓）和私属人口，都编入了国家户籍。这就扭转了在蒙古发展的过程中，大量劳动人口沦为驱口和私属人口的社会倒退趋势，使这些劳动人口重又获得了户民的身份。这次编籍的方法，也成为以后元朝历次编籍的范式。

窝阔台在乙未括户后，为了稳固自己的统治，也按照“各分地图、共享富贵”原则，开始在诸王、贵族、功臣之间对汉地民户进行分封。这次分封的民户达七十六万七百五十一户。按当时所括户口一百一十万计算，封户的比例占百分之七十以上。其余民户，则作为蒙古“黄金氏族”的共有财产，直接隶属于大汗政府管辖。因为这年是丙申年，故称丙申分封。分封最初，窝阔台汗曾考虑过实行裂土分民的办法，但遭到了耶律楚材的极力反对。另外，需要指出的是，耶律楚材作为大蒙古国的“勋臣”，也得到了自己的民户。

中国是世界上最早发行纸币的国家。最早的纸币是北宋（960—1127）时期的“交子”。金朝仿宋交会之法，发行交钞通行全国。到蒙古入主中原后，太宗八年（1236），有一个叫于元的汉人，上奏大汗，请求仿照金朝行用交钞的事。耶律楚材并不反对行用纸币，但认为要注意纸币的发行量，否则会造成严重的通货膨胀，以至于万贯钞才能买一张饼，结果使民力困竭，国用匮乏。耶律楚材建议印造交钞以不要超过万锭（每锭银为五十两）为宜。得到窝阔台的允准。

蒙古国由于疆域辽阔，驿传的重要性也显现了出来。窝阔台在蒙古国境内建立了驿站制度；大约每隔六七十里设一个驿站，每个驿站由千户抽出站户、驿马和马夫。但驿站制度建立后不久，就出现了一系列的弊端。蒙古贵族及使臣往往不遵守规定，任意增乘驿马、多拿食物，从而造成站户不堪重负。无论是在城里，还是在道途，他们所到之处，往往引起骚动。耶律楚材奏准发给诸王、贵戚牌札，凭牌札才能使用驿站；并制定了“饮食分例”，不许使臣超出规定索要供给。蒙古太宗九年（1237），耶律楚材基本革除了贵族滥用驿站的弊病。

此外，耶律楚材在文化教育和选拔人才方面，也有许多重要措施。由于战乱，中原文化受到摧残。战乱平息之后，重新恢复儒学的地位，成为首要的任务。而其中一项重要措施，就是恢复重建孔庙。耶律楚材认为恢复孔庙是重新确立儒学地位的基础，也是每一位儒士的责任。在耶律楚材的倡导与努力下，北方其他地区的孔庙也逐渐开始恢复与重建。1232 年，耶律楚材奏请将前金衍圣公孔元措从汴京城索要出来，安置在曲阜，专门奉祭孔庙。之后在耶律楚材等人的提议下，蒙古政权在 1233 年冬天与 1236 年，两次敕修曲阜孔庙。乙未括户后，衍圣公府孔庙的特权得到了保护。在恢复尊孔的同时，耶律楚材又于 1236 年奏请窝阔台汗批准，在燕京、平阳两地设立编集经史的机构，在燕京设编修所，在平阳建立经籍所，以编集、保存经史，可令梁陡充长官，王万庆、赵著副之。当时亡金士大夫中的有用人才，有的进入蒙古政府机构，有的参加这两个所的工作。耶律楚材又支持杨惟中与姚枢，在燕京建立太极书院，招收有志研习儒学的人，由赵复、砚弥坚讲授，以兴文教。书院也向蒙古王子和高官子弟讲授儒家经典，就使这种汉文化教育深入了一大步。随着儒学地位的提高，南宋的理学思想也开始在中原地区传播。中国历代封建王朝，特别重视儒士在治理国家方面的作用，并以科

举考试作为选拔人才的途径。为了从根本上解决任用儒士的问题，蒙古太宗九年（1237）的一天，楚材上奏说："制造器物的人一定用良工，守成的人一定用儒臣。儒臣的事业没有几十年的功夫，是不会轻易成功的。"耶律楚材进一步提议，要对儒士进行考试，获得允准。于是，命令宣德州宣课使刘中主持，让儒士们在各地应试经义、词赋。太宗九年（1237）考试的结果，有四千零三十人中试，其中千人原是驱口，应试后作为儒士获得了自由。耶律楚材让他们担任本地的议事官，对其中有才能的更予以重用，这件事在当时影响很大。这次考试举行的时间在戊戌年，故而这次考试也被称为"戊戌试"。当耶律楚材的治国方案步步得到施行的时候，太宗九年（1237），他上过一份重要的奏议，再次向窝阔台大汗奏时务十策：一曰信赏罚，二曰正名分，三曰给俸禄，四曰封功臣，五曰考殿最，六曰定物力，七曰选工匠，八曰务农桑，九曰定土贡，十曰置水运。对于他的"十策"，窝阔台有所择用，并没有全部采纳。而且，由于楚材的治国措施损害了上层权贵和西域商人的利益，他面临着守旧势力的反对和攻击。

耶律楚材是 13 世纪中国的一位大政治家。在窝阔台时期，他积极实施"以儒治国"的方案，力主让新兴蒙古贵族采用汉族传统思想和制度治理中原。窝阔台也有不少治理蒙古国的业绩，他做了以下四件事：第一，征服了金国；第二，设立了"站赤"（驿站），以便利使臣往来和搬运物品；第三，在没有水的地方掘井，使百姓获得丰美的水草；第四，在各城池设置探马赤军（从各族各部抽丁组成的军队）镇守，使百姓平安居住。除了这四件事，还有一些重要的事，如定牧区赋税制度，再次进行西征等等。在这些事上，没有看出耶律楚材起到特别的作用。耶律楚材在窝阔台时期的主要功绩，是在辅佐大汗治理汉地方面。在采用汉法治理汉地这件大事上，耶律楚材实行的制度和措施，比木华

黎时期大大向前推进了一步，而且实际上为后来忽必烈建立元王朝奠定了基础。

窝阔台大汗统治时期，他的主要目的，只是确保蒙古国的财政收入，他意识不到“以儒治国”的社会历史意义。而耶律楚材则不同，“以儒治国”，用中原文明去影响和改变蒙古国的社会政治制度和治国方法，是他的志向和抱负。他在一种特殊的艰难环境中推行汉法，做了不少影响深远的事。但是，他感到这只是实施志向的开始，他原来想要推行的计划比这还要宏大得多。尽管如此，他已经以自己积极的行动，促使蒙古国居庸关内外的地区联系在一起了。

（四）与守旧势力的斗争

耶律楚材在担任中书令以后，逐步采用汉族以儒教为中心的传统思想和制度来治理中原，使蒙古出现和平的盛世局面，使当时先进的中原封建农业文明得以保存下来并继续发展。

耶律楚材实施以儒治国，触犯了蒙古国统治阶层中某些人的权力和利益。耶律楚材加强中央集权的措施，企图削弱地方权贵的势力，自然受到权贵们的反对和抵制。不过，就大多数汉人世侯来说，在以儒治国的大政上，还是与耶律楚材一致的，但在利、权方面与耶律楚材有一定的矛盾。因此，这双方的关系不是很紧张。另一方面，耶律楚材同蒙古贵族中守旧势力以及西域商人势力的矛盾，就显得激烈而尖锐，这就是所谓“国俗”与“汉法”的矛盾。这是中国历史发展进程中，出现的一种深刻的社会矛盾。楚材步步推行自己以儒治国的方案，处于守旧势力的不断攻击之中。

灭金以后，随着耶律楚材方案的逐步推行，守旧势力的反对活动更是层出不穷。蒙古太宗九年（1237）发生了几件事：耶律楚材限制高利贷的措施，引

起了西域商人的强烈不满。当时人们常把西域商人称作“斡脱”，他们多半代蒙古贵族经商、放高利贷；因而彼此有密切的利益关系。西域商人成了蒙古贵族守旧派反对耶律楚材的重要力量。他们尤其常以扑买（承包）来破坏耶律楚材施行的赋税制度。所谓扑买，就是由某人先行支付高出某种税额的银两，以取得此种税的征收专利权。这样，扑买的人在征税时必然要大量加征，以获取收益。有的汉族大商人也参与这种扑买活动。到蒙古太宗十年（1238），扑买十分活跃。刘庭玉以银五万两扑买燕京酒课，一个回鹘商人以银一百万两扑买天下盐课；甚至有人扑买天下河泊、桥梁、渡口。耶律楚材意识到，如果不坚决制止这种大规模的扑买，那么对百姓的危害就太严重了。如果扑买盛行，那么他所制定的赋税制度就会遭到破坏。他大声疾呼：扑买危害太大了。他竭力上奏使这些扑买停罢。他说：“兴一利不若除一害，生一事不若减一事。”这是班超说过的话，耶律楚材说的这些话，窝阔台却没有采纳。

蒙古太宗十二年（1240）正月，大汗正式任命奥都剌合蛮为提领诸路课税所官。楚材看到自己阻止不了这样的扑买，叹息说：“靠扑买取利的风气既然可以流行，那就一定会有其他坏事接踵而来。人民从此要遭受穷困了!”上述事件发生以后耶律楚材实际上已不能真正主持朝政了。但是，耶律楚材仍然坚持已见，“正色立朝，不为少屈”，他准备“以身殉天下”。每当陈述的政事与国家的利害休戚相关时，他总是“辞气恳切，孜孜不已”。面对这种场合，窝阔台就说：“你又要为百姓哭泣吗?”对楚材个人，大汗始终是很看重的。然而，守旧势力太大了，楚材已感到筋疲力尽。

蒙古太宗十三年（1241）二月，窝阔台大汗病重，脉搏十分微弱。皇后脱列哥那不知所措，召见耶律楚材，问他有什么救治的办法。耶律楚材说：“现在朝廷用人不当；天下囚犯被冤枉的人很多，所以屡屡见到异常的天象。应当

大赦天下。”耶律楚材的话刚说完，脱列哥那就说：“照你说的去做。”耶律楚材表示，一定要由君主下诏书，才能大赦。等到窝阔台苏醒，皇后把耶律楚材的意思告诉他。大汗已不能说话，点了点头。大赦的诏书发了出去，窝阔台的病情开始有了好转。到了这年冬天，窝阔台已经基本康复，有一段时间不用药了。耶律楚材进行了一次星象推数，然后上奏劝窝阔台不宜出去打猎。大汗左右的人都说，倘若不能骑马打猎，活着还有什么乐趣呢？窝阔台没有听从耶律楚材的劝告，仍旧出去打猎，过了五天就去世了。由于窝阔台生前最疼爱的儿子阔出早死，所以窝阔台曾留下遗嘱，以阔出的儿子失烈门作为他的继承人。而在大汗正式推举出来之前，按照蒙古草原旧俗，先由皇后脱列哥那摄政。

窝阔台去世后，皇后脱列哥那称制。她是乃蛮人，汉文史籍中也称她为乃马真氏。隔了一年，蒙古乃马真后二年（1243），脱列哥那问楚材对于君位继承问题有什么意见。楚材说：“这不是外姓臣僚应该议论的事。现在有先帝的遗诏在，只要遵循遗诏办事，国家就好了。”先帝的遗嘱，是要由皇孙失烈门嗣位。但是，脱列哥那另有打算，她决意让儿子贵由继承汗位。所以，楚材虽说不能议论君位继承问题，实际上却是使脱列哥那碰了个钉子。这年五月出现“荧惑犯房”的天象，脱列哥那借此企图使汗廷西迁。楚材上奏说：“朝廷是天下根本，根本一摇，天下将乱。我已观察天道，不会发生祸患。”于是阻止了西迁。在西迁汗廷这件事上，实际上反映了蒙古国上层人物中，同意或是反对接近汉文明的两种意向。这时候，奥都剌合蛮已经掌握了朝政。其他大臣纷纷阿附奥都剌合蛮，唯独耶律楚材不加理会。奥都剌合蛮怕楚材阻挠自己的政事，贿赂了五万两银子给他。楚材拒不接受，只要是他认为对百姓不利的事，便一概出来制止。楚材表示：“军国大事，先帝都委付给我了，与令史没有关系。事情处理得合理，自然要遵行。倘若不合理，死都不避，又何况断手呢?”他提高了声音，严厉地说：“我为成吉思汗、窝阔台汗办事三十

余年，没有辜负国家的地方。我没有罪，皇后也不能杀我!”脱列哥那闻知，心里十分恼恨，但也顾忌楚材是“先朝勋旧”，不敢加罪。楚材与摄政皇后发生如此尖锐的冲突，他的心情自然也是极不痛快的。正在这个时候，他的夫人苏氏去世了，受到一次沉重的打击，他的晚景越来越凄凉了。

耶律楚材在成吉思汗、窝阔台汗时期任事近三十年，多有襄助之功。后脱列哥那即位时，因屡弹劾皇后宠信之奥都剌合蛮，渐被排挤。1244 年 5 月 14 日，耶律楚材悲愤而死。“砥柱中流断，藏舟半夜移”，消息传出，倾国悲哀，许多蒙古人都哭了，如同丧失了自己的亲人。汉族士大夫更是流着眼泪凭吊这位功勋卓著的契丹政治家、他们的良师益友。蒙古国数日内不闻乐声。正如其同时代人暮之谦在《中书耶律公挽词》中所言：

忽报台星折，
仍结薤露新，
斯民感无极，
洒泪叫苍旻。

意思是：巨星忽然殒落，挽歌又阵阵传来，人们洒泪呼叫苍天，感到无限悲哀。

他是一位既有重大功绩，又具高尚风貌的政治家。这在中国漫长的封建社会历史中，并不多见。楚材死后，蒙古国又过了动荡的十几年，他以儒治国的事业，才由忽必烈汗及其周围的儒臣们继承下来，并大大向前推进。正是在这样的历史发展过程中，中国才首次出现了由北方游牧民族贵族建立的君临全国的元王朝。

楚材的卓越功绩，数百年来一直受到有识之土的赞赏和表彰。为他撰写神道碑的元人宋子贞，说他是："自任以天下之重，屹然如砥柱之在中流；用能道济生灵，视千古为无愧者也。"明代《野获编》的作者沈德符写道："耶律楚材大有造于中国，功德塞天地。"近时我国有两位著名的史学家为楚材撰写了年谱。张相文在《湛然居士年谱》中评论说："晋卿公犹能于中原陆沉之会，以佛心儒术，挽回杀运，亦所捐明德之后必有达人者欤。"王国维做完《耶律文正公年诺》，写了余记，论述了楚材的生平事迹和功绩；在国外，也有不少论述耶律楚材的著作和文章。当代著名蒙元史专家罗依果，精辟地称他为佛教的思想家和儒教的政治家，这是极高的评价。

六、多才多艺的廉吏

（一）刚直不阿，廉洁自律

耶律楚材为官一生两袖清风，在做人方面更是堪称千古楷模。成吉思汗率兵攻打西夏，西夏被蒙古军队打败了。西夏国的奇珍异宝自然就没人管了，蒙古的将领们纷纷进城抢夺金玉财宝，生怕自己抢不着。耶律楚材丝毫不为钱财所动，却仔细搜集、保存了许多文献资料，在别人眼里没人要的破烂，他却如获至宝。他还让人把西夏国的药材收集起来，别人觉得很奇怪，问他："难道你要去做药材生意吗?"耶律楚材笑而不答。后来蒙古军队中疫病流行，夺走了许多人的性命。这时，耶律楚材就把平日里收集的药材拿出来，这些药材救活了好几万人。1227 年，他奉命到燕京整顿秩序。当时京畿之内，许多权势人家的子弟非常嚣张，目无法纪。一到黄昏，一些贵族子弟便出来结伙抢劫，行凶杀人。别的官员都敢怒不敢言，百姓们更是人心惶惶。耶律楚材却不徇私枉法，不畏强暴，不为利益所动，秉公而断，公开斩了 16 名这类罪犯，为百姓除了大害。从此以后，为所欲为、为非作歹的贵族子弟就少多了。

元太宗九年初，杨惟中在江陵偶然发现耶律楚材的兄长耶律辩才、耶律善才及家人二十多口。他们与耶律楚材失散二十三年。杨惟中发现耶律楚材的兄长及家人非常高兴，想借此机会接近耶律楚材，好被提拔为中书左丞相。为此，一路上他对耶律楚材的兄长及家人精心照顾和安排，还投其所好，为耶律楚材在中原买了两把名贵阮琴。他没想到的是，耶律楚材会把两位兄长及其家人打发去了燕京，与他关系依旧不远不近。为了进一步讨好耶律楚材，杨惟中向元太宗举荐耶律楚材的两个侄儿担任必阇赤，耶律楚材马上说："微臣以为不可!"元太宗问："是他们的才能不行?"耶律楚材说："以二人之才，刚好胜任。但微臣为中书令，必阇赤为中书省当官，未免有任亲之嫌。"元太宗说："那就在州县为官。"耶律楚材说："不可!"元太宗问为什么。耶律楚材说："害怕二人以我为靠山，做出违背《大札撒》的事情，辜负您的大恩。"元太宗点了点头："如果所有官吏都不徇私情，天下就不难治理了。吾图撒合里能够这样做，实在太难得!"

耶律楚材受过正统的儒家教育，是一个刚正不阿的贤臣，遇到太宗有过错，他总是或婉转或直率地进行劝谏。有一次，耶律楚材依法逮捕了太宗宠信的杨惟中。太宗知道后，大发雷霆，让人把耶律楚材给捆了起来，打算治罪。可是过了一会儿，太宗气消了，就开始后悔。于是，他就让人给耶律楚材松绑。可是倔强的耶律楚材却不肯，他义正词严地对太宗说："我是朝廷大臣，陛下把朝政都托付给我了。今天陛下命人把我捆起来，想必是因为我犯了大罪。可是现在又无缘无故地要给我松绑，那么说我是无罪的。陛下出尔反尔，对待大臣像对待孩童一样，这怎么能行呢？陛下让我名声扫地，以后我还怎么处理国家大事呢？我到底有罪没罪，请陛下当众说个明白。"大臣们听了他的话，都暗暗为他担心，唯恐惹恼了太宗，惹来杀身之祸。谁

知道，太宗听了他的话，却很惭愧，说道："我虽然是皇帝，难道就没有做错事的时候吗?"然后好言安慰耶律楚材，向他赔礼道歉。

灭金以后的几年内，经过耶律楚材等人的治理，蒙古国境内社会秩序比较安定，农牧业、手工业得到恢复。此时窝阔台已经怠于政事。他向来嗜好饮酒，到了晚年喝得更凶，每天都同大臣们喝得酩酊大醉。作为老臣，楚材几次劝谏，窝阔台都不听。有一次，楚材拿着盛酒糟的金属器皿对窝阔台说："这铁受到酒的腐蚀，尚且坏到这种地步，人的五脏能不受酒的损害吗?"窝阔台知道楚材确实是关心他的健康，很高兴，便赐给耶律楚材金帛，还要左右侍者每天只进酒三盅。但是实际上，他仍戒不掉酗酒的嗜好。

耶律楚材辅佐成吉思汗、窝阔台治理国家近三十年，受到了两位蒙古可汗的重用。窝阔台去世之后，耶律楚材得不到重用，受到了其他官员的排挤，于1244年5月14日悲愤而死。他病死后，有些不满耶律楚材的人，故意诬告他，说在他做中书令时，天下贡献的赋税大半之数被他贪污了。皇后派近臣麻里扎去调查。他们将耶律楚材的家翻个遍，没有发现什么金银财宝，只发现耶律楚材平日里喜欢的几样东西，别无所有，这使诬告他的官员们无话可说。而他人的诬告，恰恰证明了耶律楚材是一位廉洁、正直的清官。

（二）多才多艺

耶律楚材不仅是一位杰出的政治家，而且多才多艺，是一个在文化艺术方面有深厚学养和重要贡献的人。

在天文历法方面，耶律楚材从小受家庭的熏陶，对中国传统的天文历法很有研究，其父耶律履制定的《乙未元历》在当时的金朝虽未能得到颁布，但对

耶律楚材的影响却很大。成吉思汗十五年时，西域的历官说五月十五将出现月食，耶律楚材说不会，果真那时没有出现。次年十月，耶律楚材说将有月食，西域人说不会有，可到时真的出现了月食，可见历法不准。这时，他以自己的律历知识主持修订了原有的金朝《大明历》，编有《西征庚午元历》。并提出了“里差”的概念。他根据这个“里差”概念来修改历法。“里差”其实就是我们现在所说的经度。他是我国提出经度概念的第一人。从此大蒙古国有了自己的历法。对军事、生产、生活等各方面都有很大的益处。

在文学、诗歌方面，自古以来，吟诗是中国士大夫的传统。耶律楚材自幼接受汉文化教育，酷爱诗歌。他喜欢杜甫、白居易和陆游的诗作，常在他们的诗句中求取精神的滋养和寄托。他本人写过不少诗，存世的《湛然居士文集》十四卷，文章并不多，而其中大半是诗作。

耶律楚材好多诗文都是他在戎马倥偬、政事纷纭之际写下的。其诗作除以描写西域和北方自然景物、民俗风情居多外，也有反映其家世和思亲、思故乃至怀古的诗。他跟从成吉思汗西征，使自己的眼界大为开扩，边疆塞外的风土人情、山川景物给了他许多诗意，使他写下了一些情趣独具的诗篇。耶律楚材描写边疆人民生活的诗以《西域河中十咏》最为人称道。他就亲身见闻感受写就诗篇，笔触清新，轻松优美，使一幅幅少数民族的生活画面展现在人们的面前：“葡萄垂马乳，杷榄灿牛酥。酿酒无输课，耕田不纳租。”他对边疆人民生活的困苦也十分关注，这在他的《赠东平主事王玉》《送燕京高庆民行》《送德润南行》等诗中都有所流露。此外，他从征西域，回来后所著《西游录》，分上、下两部分，其上部以流畅自然的文笔，描绘出西域各地民俗特色，较生动地反映了当时西域风土人情，颇为可观。他的怀古长篇叙事诗《怀古一百韵寄张敏之》，更是一首名篇。诗中的“千古兴亡事，胜负一秤棋。感恨空兴叹，悲吟乃赋诗”表达了诗人的历史观。综观耶律楚材的诗作，最突出的特点，是不加雕琢、淳朴自然、

功力深厚，当然其中也不乏激昂慷慨气象宏大之作。与苏轼诗有异曲同工之妙，对后人有较深的影响。

古琴是中国历史悠久、最具民族精神的传统乐器。几千年来一直是中国文人修身养性的工具和完美人格的体现载体。在元代文人中，精于琴的当推耶律楚材。耶律楚材早年生长在文化氛围浓厚的官宦之家，“幼学书画同游戏，静阅琴棋相对闲”。成年后，他愈发喜爱古琴艺术，自称有“琴癖”。耶律楚材对于名琴也颇为珍视，其家产中就有“唯名琴数张，金石遗文数百卷而已”。据《困学斋名录》“京师名琴”条的记载，耶律楚材流存下来的名琴主要有春雷、玉振、不出户、石上流泉、寒玉等。在古琴艺术上，耶律楚材主要受弥大用和苗秀实（号栖岩老人）两位著名琴家的影响。起先他是检读旧谱自学，也会弹数十曲。后来见到了琴士弥大用，向大用学习指法，技艺大有提高。还在金朝做官时候，他就常向当时第一琴手苗秀实请教，“商榷妙意，然后弹之”。邀请栖岩老人商讨琴事的人多极了，老人每天忙于应酬，楚材得不到与老人“对指传声”的机会，以为这是一桩终身憾事。后来，蒙古军队围攻汴京时，耶律楚材奏请汗廷把这位当世第一琴手请了出来。老人行至范阳去世，他的儿子苗兰把遗谱送给了楚材。这遗谱共有四十余首曲子，楚材按谱弹琴，果然都是妙音绝声。他爱不释手，把这些曲谱重抄了一遍以便传世，并在蒙古太宗四年（1232）中秋节过后两天，写下了《苗秀实琴谱序》。

耶律楚材曾研习过大量琴曲，尤其是《水仙》一谱。《水仙》是他师从弥大用时学会的，十分喜爱。又弹《秋宵步月》《秋夜步月》《秋思》，他也擅长弹《离骚》。“一曲《离骚》一碗茶，个中真味更何加，香销烛尽穹庐冷，星斗阑干山月斜。”耶律楚材的琴技非常高超，并能领悟到其中的真谛。在长期的古琴演奏实践中，耶律楚材也逐渐形成了自己的琴论思想。耶律楚材认为，弹奏

古琴所追求的最高境界应当是平易自然，提倡古雅，反对俗艳。弹奏古琴还是修养身心的一条途径。常人都有喜怒哀乐，而此时弹奏古琴则可以排解自身忧愁。

还有他的书法艺术，他继承了唐宋颜真卿、黄庭坚书风，以端严刚劲著称。明人宋濂说："耶律文正晚年所作字画尤劲健，如铸铁所成，刚毅之气，至老不衰。"代表作品为《自书诗翰》（行楷书），笔力遒劲，气宇轩昂，不拘于一点一画的繁缛，呈现漠北泼辣雄劲之气。

元世祖中统二年（1261），忽必烈遵从耶律楚材的遗愿，将他的遗骸移葬于故乡玉泉以东的瓮山，即今北京颐和园的万寿山。至顺元年（1330），元文宗图帖睦尔下诏，追赠耶律楚材为"经国议制寅亮佐运功臣、太师、上柱国"，追封广宁王，谥号文正，同时还追封苏子君为漆水国夫人。建墓地立有祠堂，墓前刻有楚材与夫人的石像。明代弘治年间（1488—1505），祠堂已颓废，但石像还在。万历年间（1673—1619），这座墓被人掘开，人们发现死者的头颅大于常人。有一个传说：明天启七年（1627）的一个夏夜，成千上万个萤火虫在石像头上盘旋，当地老姓说那光是石像的眼光，害怕是什么灾异，等到天亮便把石像推倒击碎了。但也有人说，直到崇帧年间（1628—1644），楚材及其夫人的石像依旧矗立着。

清代乾隆十五年（1750），朝廷决定兴建清漪园（颐和园前身），园址就选在耶律楚材墓所在地一带。鉴于耶律楚材的历史功绩，乾隆皇帝不但没有下令迁坟或者平墓，还特意下诏重修祠宇，并且亲自作了《耶律楚材墓诗及序》。这就是现存于北京颐和园内的耶律楚材墓、祠与墓碑。

知人善任——狄仁杰

狄仁杰，字怀英，生于隋大业三年，卒于武则天久视元年，为唐时并州人，他是唐代接触的宰相和政治家。他从政之后，经历了唐高宗与武则天两个时代。狄仁杰是唐代最负盛名的宰相，是一位对唐代有着深远影响的人物，他的存在改变了唐朝的命运。并且他用自己的德行与作为，告诉后人他是一位百姓永远敬仰的英杰……

一、初唐历史简介

狄仁杰，字怀英，生于隋大业三年，即607年（一说生于唐贞观四年，即630），卒于武则天久视元年（700），为唐时并州人。他是唐代杰出的宰相和政治家，通过应试明经科步入仕途。狄仁杰从政之后，经历了唐高宗与武则天两个时代。初任并州都督府法曹，转大理丞，改任侍御使，历任宁州、豫州刺史、地方侍郎等职。狄仁杰为官时，正应了老子的那句“圣人无常心，以百姓心为心”。他为了拯救无辜，敢于拂逆君主之意，始终保持体恤百姓、不畏权势的本色。而且始终是居庙堂之上以民为忧，在后人看来他是“唐室砥柱”。后代史学家称颂他为“有再造唐室之功的忠义之士”。可以说，狄仁杰是唐代最负盛名的宰相，是一位对唐代有着深远影响的人物，他的存在改变了唐朝的命运。并且他用自己的德行与作为，告诉后人他是一位百姓永远敬仰的英杰……

狄仁杰所处的历史时代正是我国历史上政治军事强大、文化经济繁荣的唐代，后人常把强盛繁荣的唐代与汉代并列，称为“汉唐盛世”。狄仁杰在世时，所处的历史阶段属于唐朝初期，该时期为开元盛世的一个准备阶段。经过唐高祖李渊，唐太宗李世民种种休养生息政策的实施，唐朝的经济开始迅速强大起来。从贞观至开元一百多年中，农业、手工业生产不断发展，贞观时期斗米仅

值三四钱，成为历史传颂的佳话。唐的势力所及的范围，东北至朝鲜半岛，西北至葱岭以西的中亚，北至蒙古，南至印度支那，这个巨大的版图应该说是当时世界上最大的版图，可以说唐朝此时已经开始向当时最强大的国家发展，向最强大的封建帝国迈进。

初唐时期城市开始繁荣，唐代的首都长安城，周围约有三五公里，其规模之巨大，为当时世界所少见。除长安外，洛阳、扬州、广州、益州（成都）、凉州等城市也都非常繁华富庶。而且对外交通也很发达，陆路有北、中、南三条路通往中亚和印度。水路方面，中国海船可以远航至红海、印尼、日本。当时所有的亚洲国家都和中国有经济文化的往来。而朝鲜、日本、印度，中亚各国和中国的关系最为密切，经常派使臣互通往来。

唐朝有如此发展，应该说很大程度上与唐朝时倡导的民本思想有关。由于唐朝的统治者吸取了前朝兴亡的教训，尤其是太宗李世民经历了隋末农民战争，他意识到了百姓的巨大作用，所谓“得民心者得天下”，他体会得很清楚。贞观二年，唐太宗提出：“凡事皆须务本，国以人为本，人以衣食为本，凡营衣食以不失其对为本。”这表明“三为本”的思想已渗透到朝野。其实也正是在这种思想的指导下，唐朝才能够在百废待举、民生凋敝、几近废墟的基础上创造了初唐贞观之治的奇迹，打开了政治、经济、文化全面繁荣的通渠。

统治者能够以民为本，因此他在选拔人才上也会从民本考虑。唐初沿用隋朝时设置的科举制，历史上曾有这样的记载：“武德四年，复置秀才、进士两科。”又“高祖武德四年四月十一日，敕诸州学士及白丁，有明经及秀才、俊士、进士明于理体，为乡曲所称者，委本县考试，州长重覆，取上等人，每年十月随物入贡。至五年十月，诸州共贡明经一百四十三人，秀才六人，俊士三

十九人，进士三十人”。这说明唐高祖武德四年，唐统治者决定恢复隋朝时设置的明经、秀才、进士等科，并于武德五年正式开科取士。到唐太宗时励精图治，不断对唐朝的各项政策、制度进行改革。在这种情况下，科举制度也逐渐成熟与完善起来。而且唐代以来，官学、私学教育兴盛，培养了大量具有较高文化素质的人才。例如贞观以后，仅太学生就有八千余人。一反魏晋以来保护士族特权的九品中正制，通过明经、进士等常科以及其他种种名目的制科考试，选取官吏。

狄仁杰便是明经出身。这一制度能够激发世人成就功名事业的理想。因此这个时代涌现了许多英豪，对后世有着深远的影响，其中有横空出世的英雄、贤明有道的君王、才华横溢的文士，也有辅助君王治理天下的贤相，狄仁杰便是其中的代表人物。而狄仁杰能够举荐贤才也源于当时这样一个时代背景。执政者为巩固自己的统治、安抚百姓，同时也需要大批人才执行这一政策。因此从社会角度来看，狄仁杰知人善任得到成功，是符合当时社会情况的，如果是在九品中正制的背景下，即便是他想举荐贤才也只能是心有余而力不足。这个繁盛的时代为一代贤臣提供了建功立业的机会；而这些英雄豪杰的存在，也让这个时代更加光彩照人，真可谓是相得益彰。

二、河曲之明珠，东南之遗宝

狄仁杰出生于官宦家庭，祖父狄孝续，为贞观朝尚书左丞。父亲狄知逊，曾任夔州长史，是一位很有修为的读书人，他经常告诫狄仁杰要谨言慎行，修养德行，这样才能为国为民效力。由于在这样的家庭长大，狄仁杰从小就很熟悉为官之道，加之从小就受到良好的教育，为他以后的作为奠定了坚实的基础。

狄仁杰从小就胸怀大志，寄心于天下苍生。他的父亲狄知逊有一次问他长大了想做什么，也就是看他有什么志向，他的父亲本是无心问问，却没想到狄仁杰回答说："我想当一名好宰相。"狄知逊听了，哈哈大笑说："小小年纪竟然口出狂言。"作为父亲，狄知逊以为这是小孩子的玩笑之言，并未当真，但是下面的回答却改变了父亲的想法。狄仁杰的回答是："那我就当一名医术高明的医生。"听完之后，他父亲感到很奇怪，因为从宰相到医生差距很大。这孩子变得这样离谱不知是怎么想的，于是他就问狄仁杰这么想的原因。狄仁杰听了以后对他的父亲说："因为只有良医和良相最能够帮助天下的苍生，救民于苦难之中。"他父亲听了十分高兴，他真的没有想到儿子小小年纪竟然能有如此宽厚的胸怀和壮志，这真是很难得。狄仁杰的父亲给他请来了当地很有名的老师，来培养他的德行与学问。

《大学》有云："自天子以至于庶人，壹是皆以修身为本。"狄仁杰从小就谨慎修行。因此他能够致力于江山社稷、黎民百姓，并且有能力为国效力。可以说，他忠贞的爱国思想与敏锐的用人眼光，成就了他的人生和事业。他知人善任的睿智源于那寄心于天下的胸怀，所谓"英雄出少年"并非没有道理。

狄仁杰为童生之时，十分酷爱读书。一次，县吏的门客被人杀害，这一事情影响十分严重。于是，官府派人四处去调查此事。当官吏到狄仁杰学习之处调查情况时，所有的童生都很关心这件事，全部去看，只有狄仁杰一个人端坐在椅子上，认真地读书。当看到狄仁杰如此态度，县吏心里很不是滋味，于是责备他不恭敬执事，狄仁杰却回答说："我正忙着同书中的圣贤交谈，哪有时间去理会这件事情?"官吏也没有办法，只好讪讪地离去了。狄仁杰学习十分刻苦，常常早起晚睡，为了让自己能够早起学习，他特意订做了一个圆形的枕头，这样就很容易醒，一旦醒来他就看书。虽然这种学习方式在今天看来可能太过了，也许过于疲劳不利于记忆，但是能够看出狄仁杰是一个刻苦之人。他为了能够有能力为天下苍生服务，不惜劳苦，这种精神的确可嘉。

由于狄仁杰读书用功，因此顺利地通过了明经考试，被外放到汴州当了判佐的小官（这个官职相当于副市长的秘书），由此开始了他的从政生涯。他在工作中尽职尽责，他天生有种发现人才的睿智，在小小的汴州受他提拔的不下百人。而且他懂得如何使这些人的潜力得到最大的发挥。林子衡因被诬陷而入狱，调查案子时狄仁杰查出了冤情，使其免于一死，并且发现他身手不凡，于是上报上级长官，让其入伍，后来在契丹来犯时，他屡立战功。

狄仁杰为人才德兼备，同时也不喜欢阿谀奉承，做事一向秉公执法，丝毫

无徇私之情，这也使他受到了小人的嫉妒。在一次公事中，他被人诬陷盗取公款，被押入大牢。老子说：“祸兮福之所倚，福兮祸之所伏。”这次入狱使狄仁杰因祸得福。因为办理此案的阎立本在受理讯问时，不仅弄清了事情的真相，还给了狄仁杰以清白，而且他还发现狄仁杰是一个德才兼备的人物。因为当时很多人出来为狄仁杰作证，并且告诉阎立本狄仁杰是一个仁德之人，而且政绩卓越等等。这些事实让阎立本感到惊讶，他说：“仲尼云：‘观过，斯知仁。’”称他为“河曲之明珠，东南之遗宝”。用遗落在河中之明珠与海中遗失之宝来比喻人才被埋没，用来形容得到狄仁杰这样的人才的喜悦。如此高的评价，可见阎立本对狄仁杰是十分赏识的，于是他推荐狄仁杰做了并州都督府法曹。当时狄仁杰在公堂之上对阎立本所说的话，深深打动了阎立本，他说：“大丈夫应当仰不愧于天，俯不怍于人。尽心尽力为国效力，死而无憾。”阎立本从中感受到了他心系天下的志向，和那颗为国为民的赤胆忠心。而且品格是如此的刚毅，让他很受震撼，他相信多年之后这位青年一定会有更大的成就，他的确很有慧眼，发现了这颗璀璨的明珠。让他能够发出光芒，照亮天下。这也许是一种君子之间的默契吧。总之经历了这段小插曲，狄仁杰的从政之路更加稳定了。

出任并州都督府法曹之时，狄仁杰已经离开家乡数年之久，因为工作忙碌，所以一直没有时间回家看望父母双亲，因此他很挂念父母，常常托人给父母捎信报平安，并且表达自己不能在身边尽孝的遗憾，狄仁杰的仆人常常看到狄仁杰深夜时向家乡的方向跪拜。还有一次他同官差办案，抵达太行山，在攀登太行山的时候，他们一行人有些累了，于是在山腰中歇

息。狄仁杰望见太行山巅暮霭重重，心中便升起对家乡的眷顾之情，他想起了小时候常常与父亲一起在秋高气爽的时节爬山。记得有一次，同父亲爬山爬了一半时他就不想爬了，因为太累了，他就对父亲说自己的脚崴了，但是父亲看出了他的心思，于是给他讲了一个故事：古时候有一位贤君名叫舜，舜的为人十分诚实，从来不说谎，因为说谎多了就会失信于人，别人就不相信他了，失去了别人的信任是很可怕的，这可不是仁人君子之所为啊！听了父亲这样一席话，狄仁杰认识到了自己的错误，于是他告诉了父亲事实，父亲笑了，说："累了就歇一会，不用说谎掩饰啊，自己累了不丢人，丢人的是找借口掩饰自己没有这个能力。"狄仁杰点点头，从此他也记住了这句话，要踏踏实实地做人。想着想着，狄仁杰的眼角有些湿润了，他擦了擦眼角的泪水，向东南方望去，只见一片白云孤单地停在半山腰上，这让他更加想念父母，同行人看到他很伤感，于是问他原因，他回答说："你们看那白云之下就是我的家乡啊，我的父母就在那下面住。我已经多年没有看到他们了，不能在他们身边尽孝。真是愧对他们啊！"狄仁杰望着天上的白云，他真的很想念父母，可是自古忠孝两难全。他只能将思乡之情寄托于这片白云，让白云带去他的思念，以慰父母的念儿之心。他望着白云久久不能离去，直到白云散开他才离开。这件事很快就传开了，人们对他的孝心十分赞赏。后来，人们常用的"白云亲舍""白云行处""白云思亲""白云孤飞"的典故就来源于此。

狄仁杰为人很厚道，同狄仁杰一起工作的参军郑崇质奉命要到离家很远的荒凉之地去办事，需要很久才能回来。但是郑崇质有一个年迈的母亲，并且病重多年，需要儿子在身边照料。丢下久病的老母亲远走他乡，这让郑崇质很为难，也很难过，他常常叹气不知该如何是好。狄仁杰十分同情他，就去找主管的官员蔺仁基，他说："郑崇质的母亲常年生病，如今更离不开他，所谓儿行

千里母担忧啊，何况是一位已到风烛残年、体弱多病的母亲，我们怎能忍心让她担忧呢？而且郑崇质因此也会分心，这如何能把工作做好呢？我愿意替他出使，请您派我去吧。”蔺仁基听了很感动，当时他因为一些误会与司马李孝廉关系很僵，两人原本是朋友，现在却都以看对方的笑话为乐。当他看到年轻的狄仁杰如此仗义，于是也想起了曾经与李孝廉在一起的点点滴滴，想到两人共同患难的经历，想到李孝廉在自己贫困之时，给予自己的帮助，他感到很难受。如今狄仁杰的宽厚让他感到惭愧，于是他鼓起勇气找到了李孝廉，并把这件事告诉了他，他说与仁杰相比，我们实在是太不应该了，李孝廉听了也非常感动，于是两人和好如初。从此以后，他们逢人就说狄仁杰如何体恤他人，为了别人能够出使荒凉之处。夸狄仁杰说：“狄公之贤，北斗之南一人而已。”

从他的成长历程可以看出，狄仁杰在青少年时期就已经具备了一个好官必备的素质——忠、孝、友、悌、礼、义、廉、耻。阎立本的称赞真的很贴切，他的确是“河曲之明珠，东南之遗宝”。

三、执法必严，刚正不阿

唐高宗年间（676—679），狄仁杰被任命为大理丞，当时的大理寺负责流刑以下的审批工作，其上有刑部和御史台，刑部负责对大理寺审理的案件进行复核，御史台则对刑部和大理寺进行监督，纠正它们审案过程中的失误之处。大理丞负责的工作是定刑罚、勘刑狱。在任期间，狄仁杰做事刚正不阿，廉明公正，而且办事效率很高，他在短短一年之中就判决了大量的积压案件，其办案涉及到 1.7 万人，而且没有冤诉之人，因此在当时他名声大振，成为朝野推崇备至的断案如神、摘奸除恶的大法官。而这也奠定了他在朝中的地位。

仪凤元年（676），左威卫大将军权善才的一个侍卫军军士犯了法，权善才依法查办了他。这个侍卫军怀恨在心，便将权善才和左监门中郎将范怀义误砍

昭陵柏树的事告诉了唐高宗，在当时这是十分不恭敬的事。因为昭陵是唐太宗李世民和文德皇后的合葬墓，这使唐高宗大怒，因此高宗下令将权善才和范怀义处死。权善才和范怀义是两位难得的定国安邦之才。何况按照法律他们只能处以免去官职的处罚，根本不应该被判处死刑的。狄仁杰了解此事后，便向高宗奏明其罪不当死，但是唐高宗疾言厉色地说："权善才等人斫陵上树，是使我不孝，必须杀之!"狄仁杰则神色不变，据法说理："当君主愤怒之时向君主谏言，从古至今都很难做到。因为君王盛怒之下，可能会有失去生命的危险。而臣以为如果遇桀、纣这样的君主，则不容易做到在君主愤怒之时向君主谏言。但是如果遇到了尧、舜这样的君主，在他们盛怒之下谏言就很容易了。因为明主是会纳言的，并且会理解谏言之臣的苦心。臣之所以敢谏言就是因为臣庆幸遇到了明君，按照法律规定权善才等人不该杀，如果皇上要杀他们的话，这就违背了法律，如果我们在上者不按法律行事，那么法律还有什么威信呢，老百姓又如何相信法律、用法律来约束自己、保护自己呢?"他顿了顿又说："如今陛下以昭陵一株柏杀两位将军，那么千载之后，该谓陛下为何主？因此臣不敢奉命去杀两位将军，让陛下蒙受此不义之名。"高宗听后，冷静地想了想，觉得狄仁杰的话很有道理，于是改变了主意，赦免了权善才等人的死罪。高宗十分佩服狄仁杰的公正廉明，并将此事记入史册，为的是让后人记住这位廉洁爱才、敢于直谏的好官。

权善才十分感谢狄仁杰的救命之恩，亲自去狄仁杰府上感谢他，他带了百两黄金。权善才说："承蒙大人直谏，善才才有此再生之日，今倾尽家财，为报大人的再生之恩与知遇之恩。"说完便向狄仁杰双膝拜下，狄仁杰将其扶起，笑着说："将军何必行此大礼，我犯言直谏是为人臣者分内之事，将军乃国之将才，怎能因误砍柏树而死？"权善才希望狄仁杰能够收下这些金子，他说："大人一定要收下，这是我的一片心意，我深夜来此

就是为了掩他人耳目，这事只有你我知道，您收下了并不会影响您的廉明之品。”狄仁杰听完后哈哈大笑，“将军此言差矣，哪里是你知我知，还有天知地知呢！”然后狄仁杰顿了顿又说：“《大学》有云：‘十目所视，十手所指，其严乎？’我是尽心尽责秉公执法，这是我的职责，如果收您之厚礼，就违背道义了。”看来狄仁杰真是一个谨慎修德之人，权善才更加地感恩于狄仁杰，因此尽心尽力地为国效力。

狄仁杰对待犯人也能够心存宽容之心。一次他视察监狱，看见一个狱卒正在鞭打囚犯，囚犯被打得遍身流血，而且狱卒面有怒气。他忙下令狱卒停手，问：“你为何鞭打这个囚犯？”狱卒跪下来说：“禀告大人，此人太可恶了，居然对朝廷不敬，辱骂朝廷，真是太违法悖理了，不由人不怒啊！我打他是顺民意啊。”狄仁杰听了，马上说：“就算他有不敬之言，你也不能如此待他，这样会出人命的。”于是他命令狱卒将犯人放下来，询问原因。原来这个犯人因为灾荒之年无法生存，偷了别人的东西而被判刑入狱，他心中不服，怨恨朝廷让他无法生存，所以辱骂朝廷。狄仁杰听了慨叹一声说：“这是因为我们的过失啊，正是因为朝廷的过失，才让百姓对朝廷失去了信心，他做坏事也不是他情愿的，我们应当怜悯他啊，怎么还能鞭打他、对他发怒呢？所谓上天也有好生之德呀！”于是他让狱卒善待这个囚犯，不要再鞭打他了。狄仁杰能够如此宽厚地对待犯法之人，说明他并不是一个冷面无情的人，他坚持处罚犯人是为了维护法律的尊严、社会的安定。从这一点上看，狄仁杰可谓是一个有良心的好官。

为了维护法律的正义，对于国之将才，狄仁杰能够竭尽全力去保护，对于那些祸国殃民的奸臣，他则是不惜一切代价将其铲除。昭陵柏树之事结案后，狄仁杰被唐高宗任命为侍御史，这是一个很有实权的官职，他的任务是负责审讯案件，纠劾百官，也就是监督百官是否忠于职守。因此很多人都想和他套近乎，但是狄仁杰并不因此而傲慢无礼，对人依旧如初，这更加让人尊敬狄仁杰。

在任职期间，狄仁杰铁面无私，对那些阿谀奉承、恃宠怙权的高官，他从来不留情面，对他们进行弹劾，让他们受到应得的惩罚。

司农卿韦弘机为了取悦高宗皇帝，上书建造宫殿，获得批准之后，他便开始动工，在调露元年（679），宿羽、高山、上阳等宫殿竣工，这些宫殿宽敞壮丽，的确是能让人尽享声色犬马之所。高宗皇帝龙颜大悦，给予司农卿韦弘机以奖励，完全没有去想在这几年的建造过程中，韦弘机耗费的人力物力是多么巨大，而且宫殿所占的建筑之地全都是良田，使很多百姓因此失去了生活来源，再加上所负的徭役，他们的生活更加艰难。朝中有很多人因此很愤怒，但此时韦弘机已经成了皇上身边的大红人，备受皇恩的宠爱，只是敢怒不敢言，而刚正的狄仁杰却不考虑一己之私。他上奏章弹劾韦弘机，说他引导皇帝追求奢泰，应当将此风气止住，不然将遗害无穷。高宗有些迟疑，因为韦弘机的确让他很开心，但是狄仁杰告诫皇帝说："为君如果养成这种不正之风，那么下臣必要效仿，何况这次劳民伤财，已使百姓怨声载道，如果皇上还纵容此事，那么全国将如何看待皇上，又该如何尽心为皇帝办事呢？"所以狄仁杰依法将韦弘机查办，因此韦弘机被免职。这样一来，也遏制住了这种追求奢华的不正之风。这件事大快人心，朝野之上都称赞狄仁杰是一个任人唯贤、不畏权势的好官。

当时，朝堂之中还有一位左司郎中叫王本立，深得高宗的信任，这位左司郎中常常恃恩用事，朝廷上下都很畏惧他。王本立利用自己的权势徇私枉法，完全不把法律放在眼里，一些善于钻营的小人都依附于他，他们结党营私做尽坏事。把朝野上下弄得一片乌烟瘴气。

狄仁杰不顾王本立身居高位和深得皇帝宠幸，毫不留情地揭露了王本立为非作歹的罪行，并请求将王本立交付法司审理。唐高宗想宽容包庇王本立，他说："本立乃国家的人才，目前正是用人之际，当为国家社稷着想，本立已知错误，日后定能改正。"言语中有让狄仁杰宽待此人之意，然而狄仁杰却以身护法，他说："国家虽然缺乏英豪俊才，但绝不缺少王本立等人！陛下何惜罪人而使国法失去效力。如果您让臣屈从您的旨意赦免本立，那么臣请求您处臣以包庇之罪，流放臣于无人之境，以便来警戒将来的臣子能够为您尽忠贞之心！臣死不足惜，只恐危及您的江山社稷。"在这样的据理力争之下，王本立最终被定罪，狄仁杰的胆识让朝廷肃然。从此以后，朝野之中充满了一片正义之气，再无肆无忌惮为所欲为之人，因为他们都惧怕狄仁杰这位铁面无私的大法官。

四、爱民如子——狄青天

狄仁杰是一个处处为民着想的好官，他存心为民，把百姓的利益看成是定国安邦之本。狄仁杰曾经官迁度支郎中，一次，高宗皇帝准备巡幸汾阳宫，任命狄仁杰为知顿使，让其先行一步，负责布置皇帝一行人中途的食宿之所。皇帝此行要经过并州境地的妒女祠，当地有一个传说，如果有女人穿着华丽的衣裳从妒女祠前面的道上经过的话，就会招致风雷之变。因为皇帝一行人中，穿华丽衣裳的女子有很多，为了避免亵渎所谓的神灵，并州长史李冲玄打算修一条新的驰道，准备征发数万人。这次另开御道的工程十分巨大，而且时间很紧，浪费的民力物力将会不计其数。狄仁杰对李冲玄说："天子之行，一路之上有千万人马，天上的风伯来为天子清除灰尘，雨师来为他洒扫道路，区区的妒女如何能够不避开呢?"于是便将此事作罢，让皇帝一行人仍从原路走。这一举措免除了并州数万人的劳役，节省了大量的开支，减轻了百姓的负担，并州百姓称其为"狄青天"。唐高宗听说此事后，不由得赞叹说："真大丈夫矣!"狄仁杰真的很有魄力，又有处理问题的智慧，他存心为民，处事得当，不迷信妒女，并且还给帝王戴了一顶高帽子，即便是帝王对妒女有所忌讳，也会因他那句话

而作罢，“一个受天神敬仰的天子怎会惧怕区区妒女的加害”。这也是狄仁杰的过人之处。

狄仁杰最有作为的时期是在武则天执政期间，这一时期他的经历非常惊险，但是也更加表现出了他的非凡与伟大。武则天垂拱二年（686），狄仁杰出任宁州（今甘肃宁县、正宁一带）刺史。当时的宁州为各民族杂居之地，因此民族关系非常复杂。在到任之前他便找来当地的人了解情况，并接受了一位部下的建议，使少数民族与汉族的关系得到了妥善的处理，因此郡人为他勒碑颂德“抚和戎夏，内外相安，人得安心”。当时御史郭翰巡察陇右时，称赞狄仁杰的百姓站满了街头，那阵势让郭御史为之动容。于是，郭翰返朝后便上书武则天向其举荐狄仁杰，狄仁杰因此升为冬官（工部）侍郎，出任江南巡抚使。任职后，当地的百姓向狄仁杰说明了当时吴、楚多淫祠的弊俗。狄仁杰听后便奏请焚毁祠庙一千七百余所，仅留下夏禹、吴太伯、季札、伍员四祠，这个举措使百姓的负担大大减轻。在实行焚毁时，狄仁杰在当地选了几位有德才的人，本来需要耗时半年的工程，仅四个月就完成了。可见其办事效率之高。因为狄仁杰爱护百姓，善于处理各种政事，因此宁州的百姓为狄仁杰立碑，来歌颂他的功德。

垂拱四年（688），因不满武则天当政，博州刺史琅琊王李冲起兵造反，当时的豫州刺史越王李贞也起兵响应。武则天平定了这次宗室叛乱后，派狄仁杰出任豫州刺史。当时，因为此事被株连的人达到上千人，在监的有六七百人，籍没者多达五千人。狄仁杰深知他们都是被迫在越王军中服役的，事情败露后又要承受反叛的罪名，这些人真的是很冤枉。因此，狄仁杰秘密上书武则天说：“陛下，我写此书是为了请您能够对被逼在越王军中服役的百姓网开一面，我不能公开地说这些，因为我怕别人说我为叛逆者求情，但是如果我不说，又会使您爱护百姓之名受损，这个奏呈我也是写了又撕，撕了又写。因为这些人当时

也是被逼着帮着越王的，并非本意，如今因此事受到牵连，陛下应该怜悯他们，不要再给他们定罪了。”武则天是何等人，她之所以派狄仁杰处理此事也是有深意的，因为武则天当政已使朝野之中有很大矛盾，她也想缓和一下，不能树敌太多。于是武则天听从了他的建议，特赦了这批死囚，免了他们的死罪，将他们流放，这样一来就安抚了百姓。当这些百姓流放到宁州的时候，宁州的百姓迎接并慰劳他们，并且自豪地告诉他们：“是我们的狄公救了你们的命啊，你们知道吗?”于是两州的百姓在纪念狄仁杰的功德碑前痛哭，并且祭拜了三日，这些流放的百姓才离开。等他们到了流放的地方也为狄仁杰树碑来纪念他。这个动人的场面在史书上也有明确记载，可见狄仁杰仁德的影响是多么深远。

当时，平定越王李贞叛乱的是宰相张光辅，他手下的将士仗着自己平定有功，在豫州之地大肆勒索，并向地方官索要财物，狄仁杰并不供给。他们便故意肇事扰乱当地治安，闹得当地民心惶惶。张光辅为了能够得到更多的战功，想要处死已降的叛兵和百姓，然后向朝廷报告说是在战场上杀死的，正直的狄仁杰没有答应，反而怒斥张光辅杀戮降卒，以邀战功的行径。他说：“从前使河南民心不安的，只有一个越王贞而已。如今一贞死而万贞生。”张光辅问狄仁杰此话是何意，狄仁杰说：“您统领三十万军马平定了越王之乱。然而您却放纵他们欺压百姓，让无罪之人惨遭杀戮，这不是一万个越王是什么？当时叛军以凶恶之势威胁他们，他们不得已才入敌营，并且也是屈从，当我们朝廷军队来的时候，有数万人前来归顺，并协助我们取得了胜利。而今却要将这些有功之人杀死，是何道理。这恐怕会怨声载道，上至云霄了，如果能够有上方宝剑压到你的脖子上，我就是死也无憾了。”狄仁杰这般义正辞严，让张光辅无言可对。但是他却怀恨在心，他回朝以后便上奏皇帝说狄仁杰对自己出言不逊，致使狄仁杰被贬为复州（今湖北沔阳西南）刺史，入为洛州司马。

珍珠的光亮是不会埋没的，

狄仁杰的才干与名望，武则天已经知道了，并且渐渐地视其为亲信。终于在天授二年（691）九月，狄仁杰成为了地官（户部）侍郎、同凤阁（中书省）鸾台（门下省）平章事，开始了他第一次短暂的宰相生涯。身居要职之后，狄仁杰更加谨慎德行，修身齐家。有一天，武则天对他说："卿在汝南之时，政绩很好，很有作为，你想知道都有谁说了你的坏话吗？"狄仁杰回答说："陛下认为臣有过，臣一定努力改正，如果陛下知晓臣并无过失，那臣就应该庆幸了。臣如果不知道谁诋毁了我，会和他们相处得很好，所以臣还是不知道的好。"这般坦荡豁达的胸怀让武则天深为叹服。

武则天信奉佛教，因此大兴土木建造佛像和寺庙，加重了国家的财政负担，当时一些人利用佛教这一形式，危害国计民生。当时的皇亲贵戚竞相营造佛事，奏请度人出家为和尚，其中有不少弄虚作假的富裕人家的子弟，还有一些并不学佛的强壮男子也纷纷削发为僧，以逃避兵役。此风气影响甚大，不但增加了人民的负担，还使国家兵力匮乏。狄公看到这种情况后，用一个极其委婉的故事告诫武则天，他说："在梁武帝时，有一位落难的书生，因为家道中落，便去投奔自己的姑妈。他姑妈家距离他家很远，又没有钱买脚力，他只能一路步行，他走了很长时间的山路，因为很累便想找个地方歇息一下，但是四周人烟荒芜，根本找不到休息之处。正在他十分焦急的时候，突然看到一个古庙，于是他敲门进去。给他开门的是一个小和尚，他说了自己的遭遇，小和尚便禀告

师父，这位老和尚便给他安排食宿让他在寺中住宿两日。书生对老和尚的帮助很感谢，临走时，他很虔诚地礼拜佛菩萨，然后恭恭敬敬地从身上摸出了两文钱，他告诉老和尚这是他的全部钱财，希望能布施给寺庙，希望师父不要嫌少，老和尚看到他的真心，于是很感动，亲自为他做回向。多年之后，这位落难书生时来运转在朝做了大官，他带领一队人马带着上千两的黄金来寺庙里布施，可是老和尚却让小和尚为他做回向。”武后听了很疑惑，便问狄仁杰原因。狄仁杰说：“这位书生也很奇怪，当日他仅有两文钱布施，而师父亲自给他做回向，而今带了千两黄金来布施，师父为何却让小师父给他做回向呢？老和尚说：‘当日公子倾尽所有布施佛菩萨，虽然仅有两文钱，但是却发自真心，我不亲自给您回向，无以报答您的真心，而今您虽然带了千两金但是您的真心没有当日真诚，所以让我的徒弟给你回向就好了。’听完老师父的话，这位书生感到很是信服。这个故事是说斗粟可以种无涯之福，二文钱比千金还要重要。因此说‘佛不在外，悟之于心’。因此，真正尊重佛法并非是让百姓负担加重，这也不是佛菩萨的本意啊，佛教重的是实质而非形式。陛下，如今很多人利用佛教的形式来欺骗百姓，这样于国于民都是祸患无穷的，希望陛下对于此歪风邪气进行严厉打击。以安定国家，抚慰百姓。”听完此言，武则天便采纳了他的意见，诏告全国审查僧徒，将那些不是真心修行而是逃避责任的富家子弟及精壮男子，驱逐出寺院，勒令他们还俗，使得这一风气得到了很好的控制。朝野上下欢呼万岁。“智者无仁”，但“仁者定慧”。狄仁杰能够爱民如子，体恤百姓，因此他有智慧和能力为万民请愿，看到狄仁杰如此爱民的存心，我们可以明了狄仁杰的确无愧于历代清官的楷模。

五、被污入狱，机警保身

狄仁杰官居宰相参与朝政之时，也正是武承嗣得志之时，这一时期也是狄仁杰几次步入险境之时。武承嗣看到狄仁杰刚正不阿，而且言语中处处表露出李氏为皇家正统，这让武承嗣很是担心，他深怕狄仁杰将是他立为皇嗣的障碍之一。后来几次较量后，他就肯定了这一猜测。于是他便想方设法除掉狄仁杰。

武则天原本是一位皇后，因为她代多病的李治管理朝政，所以渐渐掌握了大权，后来她废掉了自己的皇帝儿子，自己当了皇帝。这让天下人很不服，当时有很多人反对她，因此她也怀有一颗多疑之心，对于谋反之事很是敏感。只要是有反的行为，不管此人有多大的功劳，武则天都会很反感，有人因此失掉了性命，因此一时之间朝野之中有种紧张的气氛。这时一些人便利用这个机会来铲除异己。这位武承嗣也是如此，他知道别的罪名不足以让武则天相信，但是谋反之罪定会让武则天气愤，这样就会将狄仁杰除掉，这招的确很阴险。

长寿二年（693）正月，武承嗣勾结酷吏来俊臣诬告狄仁杰等大臣谋反，这是他预谋已久的事。武则天很反感谋反，但她绝不会姑息，因此决定先调查清楚再说，如果无罪固然好，但是如果是真的也不会轻罚。这样，狄仁杰等就被关入了监狱。武则天对来俊臣说，只要查明真相就行了，千万不要对他们动刑。但是来俊臣没有按照武则天的意思去做，他对狄仁杰动用了刑罚，并且采用了诱供的手法。因为当时法律中有一项条款：“一问即承反者例得减死。”这是来俊臣逼迫狄仁杰承认“谋反”的一个圈套，狄仁杰如何不知道他的奸计，但是

没有办法。与其被来俊臣酷刑逼死，不如等待时机，狄仁杰于是服了罪，他说："大周代唐，万象更新，我是唐的旧臣，应当被杀掉，我谋反是实!"来俊臣这么快就能得到满意的口供感到很高兴，他对狄仁杰说"这样才识时务"，于是便将狄仁杰等收监，只等到时行刑。

这个时候，判官王德寿心怀鬼胎，他想利用此机会来除掉自己平素的障碍——平章事杨执柔。于是，他来到狄仁杰的面前，告诉狄仁杰如果他能够诬告杨执柔也参与了这次谋反，他一定保证狄仁杰会从轻发落。狄仁杰听了，不由大怒，他说："你当我是何等人，竟然让我做如此有损阴德的事，让我有何面目存活于世。"狄仁杰说完便用头重重地撞击监狱的柱子，顷刻间血流满面。看到这种情况，王德寿感到十分震惊，他没有想到狄仁杰竟是这般正义而又刚烈之人，虽然自己身处囹圄，但绝不会牵连无辜之人。可见他的高义，王德寿连连向狄仁杰道歉，说自己不该如此，忙叫人给狄公包扎伤口。狄公果然是高义之士，其高义之行让人佩服。世界上有很多人，在困难之中因为生存而失去了气节，这往往可以理解，毕竟生存是人的本能，但是在困境之中，能够依然维持正义坚守气节，这更加让人佩服。而狄仁杰正是这样的人，他没有为了自

己的生命出卖别人，真是一个仁人君子，那些小人的腐竹之光怎能与其日月般明亮的光芒相比？

来俊臣自以为已经完成任务，只等武则天下旨定狄仁杰的罪。他也放松了对狄仁杰的监视。在无人之时，狄仁杰拆开被头帛将自己的冤情写入，并将几日来所遭受的待遇全都写在了上面。写好之后，将其放入棉衣之中，又重新缝好，然后请狱吏转告家人取走其棉衣，他说：“天气已经转热，所以就用不着棉衣了，请你让我的家人换件薄的衣裳，我的家人不会白让你走一趟的，一定会给你赏金的。”狱吏便答应了狄仁杰，把棉衣送到了狄仁杰家中。狄仁杰的儿了狄光远得到这份冤状之后，便将这份冤状上告。这时武则天已经得到了来俊臣的报告，说狄仁杰已经承认谋反之罪。武则天正半信半疑。武则天看了这个冤状便召见来俊臣询问，她说：“我让你审问狄仁杰等人，让你不要动用刑罚，你怎么竟然违抗我的命令对其用刑了呢？”来俊臣并不知道缘由，辩解道：“没有啊，我对狄仁杰很客气，天天好吃好喝的给他，还让他穿着朝服，他并没有受到刑罚，再说如果他没有犯罪，也不必把污水浇到自己的头上啊。”武则天知道来俊臣是个小人，他的话不足以相信，于是她派通事舍人周琳调查此事，让他看看来俊臣之言是否属实。但是来俊臣在周琳来之前就让人将狄仁杰的囚服脱下，换上朝服，并戴上朝冠站在监狱的西边。周琳深知来俊臣的后台是武承嗣，因此不敢深看，没有看到西边，只是看看东边就草草回去复命了。来俊臣为了进一步使武则天相信狄仁杰谋反的事实，叫人以狄仁杰的名义写了谢死表，让周琳转交给武则天。周琳的调查虽然没有结果，但是此消息已经传遍了朝野，大家都为狄仁杰的冤屈感到不平。一次武则天宴饮群臣，并让群臣带领自己的家人前来赴宴。在宴席之中，有一个孩子颇有灵气，他便是前宰相乐思晦的儿子，还不到 10 岁，既聪明又有胆

识，能够从从容容地回答武则天提出的问题，武则天很是喜欢这个孩子，于是便允许他来宫中学习。一次与他闲聊，这个孩子说现在有很多人要被流放，他很伤心。武则天说他们是因为犯了谋反之罪，并问这个孩子是否喜欢谋反人？这个孩子顿了顿说："看看他们是否是被冤枉的了，要是来俊臣等人审理过的，就不可信了，因为重刑之下没有人不屈从。"这就等于告诉武则天，来俊臣判决的谋反之罪都是动用刑罚、屈打成招造成的。武则天感到很震惊，连一个不到10岁的孩子都知道此事，说明来俊臣的话的确不可信。

经过这个孩子的提醒，武则天有所醒悟，于是亲自召见狄仁杰等"谋反"的大臣，她问狄仁杰说："你为什么承认谋反，又要写密信说自己冤枉呢？"狄仁杰从容不迫地答曰："陛下，要是我不承认谋反，不就早死在了来俊臣的刑罚之下了吗？"武则天又问："那么你为何要写谢死表叫人呈给我呢？"狄仁杰回答说："臣并没有写什么谢死表。"于是，武则天令人拿出谢死表，狄仁杰告知武则天说，这表上的笔迹和他的手迹并不相符。武则天于是找来了周琳，在这样的情形之下，周琳只好说出了事实，告诉武则天这个谢死表是来俊臣伪造的。武则天知道此事真相后便下令释放包括狄仁杰在内的七人。但是由于武则

天的疑心，她暂时还不想重用狄仁杰等人，于是将他们全部贬为地方官。

在此遭遇中，狄仁杰被贬为彭泽令。虽然被贬，但他很庆幸保住了生命，可以说，狄仁杰运用自己的才智机谋死里逃生。以后，为了能够斩草除根，武承嗣多次奏请诛杀狄仁杰，但都被武则天拒绝了。其实狄仁杰的才智与为人武则天是了解的，尽管目前谋反一事让她心存恐慌，可以相信之人并不多了，但日后定会将其召回重用的。

在彭泽县任内，狄仁杰勤政惠民。赴任当年，彭泽因为久旱无雨，所以不能按时耕作，百姓无粮可食，狄仁杰上奏疏要求朝廷赈济灾民并免除租赋，救民于饥馑之中。万岁通天元年（696），契丹攻陷冀州，为了稳定局势，武则天起用狄仁杰为魏州（今河北大名一带）刺史。狄仁杰到职后，看到前刺史独孤思庄让百姓到城里修缮围墙，非常担忧。因为此时正是耕作之时，这种做法耽误了农时，这样会使粮食匮乏，造成前方粮草不足，后患无穷，于是狄仁杰让百姓返田耕作。契丹闻之后引众北归，使魏州避免了一次灾难。

狄仁杰能够在大起大落之中保持平和之心，心中存留的是国家的安危，他没有丝毫的利己之心，因此他在任何时候都能够尽职尽责，哪怕是在监狱中九死一生，也不会辱没自己的品德。因此他才能够在监狱中找到生机。他在被流放时，并不像一些落魄之人，因自己受到不公平的待遇感到委屈或终日浑浑噩噩，而是尽职尽责地做好自己的分内之事，在人生低谷之时，他依旧乐观向上、不迁怒于人，真是一位顶天立地的大丈夫。

六、德抚四夷，定国安邦

在神功元年（697）十月，武则天将狄仁杰召回朝中，官拜鸾台侍郎、同凤阁鸾台平章事、加银青光禄大夫、兼纳言，这就恢复了狄仁杰的宰相职务。此时的狄仁杰已经成为辅佐武则天的重要大臣，狄仁杰深感个人责任的重大，因而尽心竭力地关心国家的前途。他提出很多有益于社会和国家的建议，在以后几年国家的社会政治生活中发挥了巨大的作用。尤其是他对待少数民族的政策，在今天看来仍具有进步意义。

狄仁杰认为对待少数民族应该以德使之安定，他曾上书说："天生四夷，自古以来都在先王疆界之外，所以东边抵达沧海，西边阻隔流沙，北边横着大沙漠，南边阻隔着五岭。这是上天用以限制夷狄而隔开中原和外地。从典籍记载看，国家声威教化已至三代时不能到的地方国。古时候，周宣王北伐至太原，文王将美好的教化推行于江汉流域。如今，三代边远之处，都已经成为我国的内地了，如果还对边远地区动用武力，在离国极远之处求取功利，就会使我国府库耗尽财粮，而又不能对那些人民征收赋税，土地也不能耕种纺织，如果只求取远夷臣服的称誉，而不致力于巩固根本、安抚百姓，这样根本不会定国安邦。前代的秦始皇和汉武帝已经是我们的前车之鉴，秦始皇为了扩充天下，不惜滥用武力，征集民力，使得天下百姓忍无可忍，以致于被人推翻。汉武帝也是极力追求扩大疆土、征伐天下，使人民不堪重负，很多人饿死，很多人为了生存只好做了强盗，因此当时人民贫困，盗贼四起。幸好，汉武帝在晚年时悔悟，停止了征战，减免赋税，才使国家安定下来。如今陛下每年都征兵出战，耗费大量的财物。为了巩固西边的四镇与东面的安东，军事开支日益增大。百姓空虚贫乏、不堪

负重。如今潼关以东地区大闹饥荒，蜀汉地区的百姓颠沛流离，江淮以南征税不停，使百姓不得不离开土地，为了生存做了盗贼。这样一来，国家富强的根本已经动摇，这使我国的忧患加重。为了争夺蛮夷的荒凉之地，我们没有能力去安抚百姓。昔日汉元帝听从贾损之的建议而废掉了朱崖郡。汉宣帝任用魏相的计谋而放弃了车师屯田。他们不仅仅是不慕虚名，更重要的是他们不愿意耗费太多的人力物力，加重百姓的负担去舍本逐末，这正是亡国之策啊。近世贞观年间，平定了突厥国，任命李思摩为可汗让他来统治突厥诸部，这正是为了避免因戍守边疆而征民远去。夷狄反叛时去讨伐他们，降服后再安抚，这真是推倒灭亡，巩固存在的道理啊。如今，臣以为应该委任阿史那斛瑟多为高丽国的可汗，委托他治理四镇，镇守安东。这样我们可以节省戍守安东的军费，集中兵力于边塞上，只要他们侵犯我边疆，就不必追究他们的责任，何必到其巢穴，与其计较长短呢？如果夷狄有冒犯之举就让他们还击，如果没有侵犯之意，就让他们勤加防范，这种以逸待劳的作战方式不是更加有利于边疆的安定吗？这样一来，夷狄是客我方为主，他们疲惫而来，我军正是养精蓄锐，哪有不胜之道理，吐蕃、突厥等辈也是如此，他们如果深入我军，则必会被颠覆；如果冒犯，也不会得到什么好处。这样，数年之后他们必将臣服于我国，我们不费一兵一卒就能得到安定。”这个建议对于定国安邦很有好处，许多有识之士都很赞同，但是武则天并没有采纳他的建议。

圣历元年（698），此时武则天年事已高，所以需要定立继承人，这时武承嗣、武三思，多次劝说武则天立自己为太子，武则天犹豫不决。但是，狄仁杰以国家的江山社稷为重，深知如果将国家交予武氏后人定会给百姓带来灾难，并且会引起暴动，他以政治家的深谋远虑，劝说武则天应该顺应民心，立庐陵王李显为太子。但是武则天也没有同意。当时，大臣李昭德等也曾劝武则天还政于李显，但是也没有什么结果。狄仁杰明白武则天想让周朝能够长存，怕还政于李，使自己的心血化为泡影，而自己的侄子的确是不成器，让天下人担忧，

她并不想违背民意。狄仁杰了解了其中的原因后，从母子亲情的角度劝说武则天："立子，则千秋万岁后配食太庙，承继无穷；立侄，则未闻侄为天子而附姑于庙者也。"武则天说："此朕家事，卿勿预知。"狄仁杰听后，郑重地说："王者以四海为家。四海之内，孰非臣妾？何者不为陛下家事！君为元首，臣为股肱，义同一体。况臣位备宰相，岂得不预知乎？"武则天听完有所感悟，于是便采纳了狄仁杰的意见，亲自将庐陵王李显迎接回宫，立为皇嗣。狄仁杰知道尽管李显并不是贤主的最佳人选，但是因为武氏夺政已经在朝野上下引起了不满，如果不在立太子这件大事上做出顺应民意的决定，定会天下大乱的。此举也让狄仁杰成为了再造唐政的第一大功臣。

圣历元年（698）秋，突厥南下侵犯河北，河北受到威胁。武则天任命狄仁杰为元帅平定此乱。突厥默啜可汗烧杀抢掠无所不做，掳掠赵、定等州青年男女万余人，然后退至漠北，狄仁杰无力追击，于是武则天改任他为河北道安抚大使。狄仁杰查清情况后，上书武则天，他说："许多百姓因曾被突厥俘虏、被其驱使做事，在突厥撤退之后，他们害怕被杀，很多人都逃跑躲藏，朝廷中很多人主张惩罚他们，虽然他们行为不同，但是都是投降了敌人，应该受到惩罚。崤山以东的调取征伐，过于严重，有很多百姓因此家破人亡，加上地方官吏敛财，加大了对百姓的剥削力度。想想这种情形，他们还会考虑遵循礼仪吗？在困难之中没有办法，为了生存只好投降外夷，这种行径不为君子所赞同。但是，小民哪有那么高的境界呢？还有一些人是被突厥所逼，只好暂时投降他们，等待官府军队的到来，可是官兵来了之后，却将一些降服之人杀掉以取得所谓的战功。并且他们还要对那些被俘的百姓进行烧杀抢掠、肆意凌辱。当时，敌人在时对他们还丝毫无犯，而我们的官兵到了却如此残害，真是让人心寒呀！人像水一样，如果堵塞他，定会爆发洪水，不如疏导它，让它成为河流为我所用。如今那些逃走的人，一定会躲在山上。为了生存，他

们也许会落草为寇，这样会使局面更加混乱，崤山以东的匪盗就是这样形成的，臣以为边疆不安定是暂时的，不是大患。然而，内地不安才是大事，必须要加以制止。因此，臣请陛下宽恕戴罪之人，让他们内心安定，这样他们就会安定下来不会作乱，请陛下三思，特赦这些罪民，一律不予追究，让他们回到家乡好好生活，安定民心才是治国大略啊。”武则天同意按此行事以定民心。狄仁杰将这些百姓赦免，并且开仓放粮赈济灾民以安抚民心，还命令地方官员修建驿路以济旋师。这样也可使军队能够休养生息。同时他严禁部下侵扰百姓，违令犯法者当斩。经过狄仁杰的治理，战乱后的河北很快恢复了安定。

对国内外形势有如此精湛的分析，表明狄仁杰是一位定国安邦之才，面对历代以来的边疆问题，他找到了有效的防范措施，他所主张的“主客之说”，的确是高明的办法，这是一个既能够使内不会因负担沉重而怨声载道，对外又能够有效防范的措施。真是一举两得的办法。这说明狄仁杰考虑问题很深远，而且处处为国为民，丝毫没有自私之心，他之所以能修身齐家治国平天下，正是因为他有如此宽容的心胸，“人不犯我，我不犯人”的战略看似被动，但是绝对是一个治国安邦必要的政策。让国家以德来安抚四夷，以气势来制敌，同时又能够安民，真是一个万全之策。

在应对战争残局时，狄仁杰能够分析出事情的缘由始末，表现了他杰出的智慧。他能够体恤民情，以此来安抚百姓，不但为朝廷处理了日益混乱的战局，也保全了无辜的百姓，让他们能够安身立命。狄仁杰真可谓是功劳盖世啊。

七、知人善任，推贤任能

狄仁杰一生都在不断地选拔人才，朝廷中很多有廉政爱民之称的好官都是他举荐的。

狄仁杰之所以能尽心尽力地举荐人才，除了他自己的才德，还受另一个人的影响，他就是和狄仁杰同为宰相的娄师德。但是狄仁杰对娄师德表现得很傲慢，因为他认为娄师德是个没有大才的人，却占据高位，他很为有才德的人抱不平。其实，狄仁杰当宰相之前，是娄师德让武则天知晓狄仁杰的才华的，他建议武则天对狄仁杰应委以大任，这也坚定了武则天召回狄仁杰任为宰相的信心。但是狄仁杰对此事却一无所知，他认为娄师德不过是个普通武将，而且表现也很无能，根本不像是一个有将相之才的人物，认为他不该担任要职，想将其调到外地。后来娄师德过世了，有一次，武则天与狄仁杰商讨完国家大事后，让狄仁杰与她去御花园走走，在路上，武则天问狄仁杰："你认为师德是否是贤德之人?"狄仁杰说："他是一个很忠于职守的武将，是否贤德我就不知道了。"武则天又问："那么师德是否知人善任呢?"狄仁杰说："我们曾经一起共事，据我所知他并未有此能力。"武则天笑着说："但是，朕用卿却是师德推荐的，由此看来他有这个能力。"狄仁杰有些疑惑，武则天看了出来，她叫人去拿以前娄师德推荐狄仁杰的奏章给狄仁杰。狄仁杰接过奏章后，看到上面都是写有赞叹狄仁杰如何有德才，并请陛下考虑委以重任之言辞。狄仁杰看后十分惭愧，叹息道："没想到娄公有如此盛德，平日里我瞧不起他，只是觉得他不中用就想让他给贤才让位。如此看来我真的是气量太小了，真的是太不及师德。"经过此事后，狄仁杰便消除了芥蒂，更加努力地物色人才，向武则天推荐。

后人认为，最能体现狄仁杰知人善任这一美质，应该是狄仁杰为官的后期，即他年迈之后。在狄仁杰年迈之时，武则天曾让他举荐一名将相之才，狄仁杰向她推举了荆州长史张柬之。他说："您要的如果是风雅有才学的人才，那么李峤与苏味道便是合适的人选。如果是治国的贤才，那么张柬之便是合适的人选，他沉厚有谋，虽然年老但能断大事，唯陛下急用之。"这位张柬之便是继狄仁杰之后唐代著名的宰相。张柬之，字孟将，襄州襄阳（今湖北襄樊襄阳）人。少补太学生，涉猎经史，尤好《三礼》，国子祭酒令狐甚重之。进士擢第之后，他累补为青城丞，历任荆州大都督府长史。狄仁杰举荐他时，其正出任为荆州长史，于是武则天将其升为洛州司马。但是狄仁杰告知武则天他所举荐的是治国的宰相而非司马，由于狄仁杰的大力举荐，张柬之被武则天任命为秋官侍郎。又过了一个时期，经过武则天的考察，发现张柬之的确是一位难得的人才，于是将其升任为宰相。

《东飞伯劳歌》是张柬之写的一首诗——"青田白鹤丹山凤，婺女姮娥两相送。谁家绝世绮帐前，艳粉芳脂映宝钿。窈窕玉堂褰翠幕，参差绣户悬珠箔。绝世三五爱红妆，冶袖长裾兰麝香。春去花枝俄易改，可叹年光不相待。"表达了他对时间易逝的感叹，也表明了他虽然年岁已高，仍然存有为国效力的志向。

张柬之沉稳有谋，果断敢行。此时虽然年已八十有余，但复唐雄心一直存留于心。原来其在早年任合州刺史时，便与荆州长史杨元琰相互有约："他日你我得志，当彼此相助，同图匡复。"当张柬之入朝为相时，立即推荐杨元琰为羽林军将军，让他控制京城军权，以备李唐江山情况危急之时任用。在武则天生病甚笃、神智趋向不清之时，他的两位男宠张易之、张昌宗兄弟成了危害李唐政权的罪魁祸首。张昌宗、张易之平时依仗武则天的宠爱肆意妄为，因此树

敌甚多，他们怕武则天去世之后，自己无法图存，所以暗蓄异谋，想夺取天下。当时的情况十分危急，如果不作出果断的决定，肯定会天下大乱。这样一来，当时士大夫匡复李唐江山的理想就更加难以实现了。在这个危机时刻，宰相张柬之决定用强硬手段让天下恢复李姓。从现在来看，当时必须用这种发动政变的手段才能扭转当时的混乱局面，因此这个政变是正义的，并不是简单的统治集团内部夺权的斗争。

张柬之与诸位大臣密谋商讨此事，在诸事安排妥当之后，张柬之率领亲信军队，直入玄武门，并派人强行从东宫找来胆怯疑惧的太子李显，让他随众人一起进入内殿之中。他们行动迅速，让他们的敌人张昌宗、张易之措手不及。当张柬之的军队奔向皇宫时，张氏兄弟正在皇宫中饮酒作乐，等下人听到外面有动静、告知他们情况的时候，张柬之等人已经快到武则天的寝宫了。当他们匆匆忙忙从武则天的寝宫中跑出来想打探一下到底发生了什么事情时，正巧被张柬之等人碰上。应该说他们的生命是到了该结束的时候了，张柬之当下就决定将此二人就地处斩，斩了二人之后，张柬之等人带着二人的首级直奔武则天的寝宫。在长生殿寝宫门口的侍卫环立拒进，张柬之见到这种情况，现金刚怒目相，大喝一声“退下”，并且大声说：“尔等不知道李唐江山要匡复了吗？”长生殿前的侍卫看到这种情况非常识时务，将张柬之等人放行，张柬之等人便

大踏步走进了武则天的卧室。

武则天听到外面如此骚乱，知道已经出了大事，而且久久不见张氏兄弟，料想必定已有不测发生。正当她心中忐忑不安之时，张柬之一干人已经走到了她的面前。此时身染重病的她竭力支撑起身子，厉声问道："哪个人敢如此大胆？"张柬之命令亲信的兵卒后退，自己带着太子跪倒在武则天的床前，张柬之慷慨激昂地说："张易之、张昌宗谋反，臣等奉太子令，诛杀这两位逆臣贼子，因为怕节外生枝，所以不敢预闻，而今我们已经处决了这两位逆臣……"

武则天听后明白了一切事情，知道今天自己很有可能会失去以往的势力，但是她不甘心，她的反应很强烈，表现得很强硬，她对太子怒目而吼："你果真如此大胆吗？现在张氏兄弟已被你们诛杀了，你已经完成了你的任务。现在你该回你的东宫了。不要再打扰朕了。"太子有点动摇，而且太子平时软弱，对自己的母亲丝毫不敢违抗，今日之举让他已经诚惶诚恐了，所以他想退出，张柬之见此情况，便扶着太子，大声对武则天道："陛下，太子今日不能够再返东宫，您想先前高宗以爱子托给陛下，让您辅助他治理国家，现如今太子年齿已长，陛下却身体日衰，天意人心，早已久归太子，臣等不忘太宗、天皇厚恩，故奉太子诛杀逆贼，请陛下以民心为重，愿陛下即传位太子，上顺天心，下孚民望。"

武则天经历了多少大难才得到如此地位，怎能甘心就此将这至高无上的地位传给他人，但是如今自己大势已去，面对对手，看到面前这些人气势汹汹、刀光闪闪，她只能屈从了，于是她告诉面前这些曾经对自己俯首称臣的人，同意让太子即位。

张柬之等趁此机会，将异己分子及乱臣贼子尽数剪除干净。几日后，武则天宣布退位，让位于太子李显，唐中宗李显正式复位，真正掌握了国政。国家

政权又回到了李姓手中，唐王朝又回来了。当时狄仁杰劝服武则天立李显为太子，而后其举荐的张柬之发动了政变，使唐朝的江山没有落到外姓人手中，这更加体现了狄仁杰对唐王朝的再造之功。

张柬之的才德不仅体现在君国大事上。狄仁杰举荐张柬之不仅因为其有宰相之才，还因为他能够珍惜物力。这里有一件很平凡的小事，也许正是这件小事更加坚定了狄仁杰举荐张柬之的决心。狄仁杰有一位朋友为人喜好排场，用今天的话说就是好讲究，因此日常的开销很大。他的远方亲戚在张柬之家教书，他告诉狄仁杰的朋友，他第一次来到张柬之家时正好看到张柬之府里的佣人正将被褥等物装进马车之中。他很好奇，询问缘故，佣人说："因为丝贵棉贱，眼下正值荒年，我家大人打算节省开支，便让小人将家中的被褥换成棉制的，一来可以省下一部分钱周济灾民，另外还可以培养家人的节俭之气。"这位教书先生听了很感动，当下便决定要好好地教育张家的公子，并且他也决定从此以后一定要效仿张柬之大人，一改从前的奢华作风。狄仁杰的朋友看到他的变化后很惊讶，于是便询问原因，这位教书先生就给狄仁杰的朋友讲了这件事情。后来这件事便传到狄公耳中，狄公说真正有德之人常以行教人，而仁人君子常常从有德行之人那里受教。如此看来张柬之的确是一位气宇非凡的人才，将来必成大器。

只是这位豪杰完成了自己的使命之后便陷入了不得志之中，因为当时武氏家族武三思等人及其羽党仍在当权用事，这几位奸逆小人，勾结韦皇后，谮毁张柬之。在政变之年的五月，他们用计封张柬之为汉阳王，同时将其罢相。张柬之知道自己已经没有回天之力，于是自请养病返回襄州，出为襄州刺史。《与国贤良夜歌二首》正是张柬之此时所作，"柳台临新堰，楼堞相重复。窈窕凤凰姝，倾城复倾国。杏间花照灼，楼上月裴回。带娇移玉

柱，含笑捧金杯”。《大堤曲》：“南国多佳人，莫若大堤女。玉床翠羽帐，宝袜莲花距。魂处自目成，色授开心许。迢迢不可见，日暮空愁予。”可见他此时的心情真的是英雄末路，那种无奈的悲伤只有经历大起大落的他才能够体会出来吧。总之，对于他的晚景让人凄凉，但是他的功绩后人是绝对不会忘怀的。而那些奸逆的小人最终也只能在历史上留下骂名、遗臭万年。

唐朝的名臣姚崇也是狄仁杰举荐的。姚崇，原名元崇，字元之，武则天时，因与一反叛突厥人同名，故而以字行(有的说是改名元之)。开元元年(713)，因避年号讳，改名为崇。陕州硖石(治所在今河南省三门峡市东南)人，永徽元年(650)生。历武则天、中宗、玄宗诸朝，任宰相，并多次出任地方长官，为唐朝前期著名宰相。开元九年(721)卒。姚崇自幼便豪放宽厚，崇尚气节，可以说他是一个才干出众的人物。而且他也是一个很幸运的人，进入仕途后，可以说一直都很顺利，其事业呈青云直上之势。狄仁杰为宰相之时，因为其才干与修为，便举荐他出任夏官(即兵部）郎中(高级官员)。这个时候东北的契丹族不断侵扰中原，中原一带不得安生，人心惶惶，武则天一再派兵前去抵御，因此兵部的事务特别繁忙。在这繁忙的事务中，姚崇的才干，得到了充分的发挥，那纷繁复杂的事务，到了他的手里，全部处理得井井有条，干净利索。武则天十分欣赏姚崇的才干，立即提拔他为兵部侍郎。后来他官至宰相，在开元九年（721)，这位宰相去世，享年 72 岁。在其临死之时，还对社会的风气进行了治理。当时，由于国家经济状况良好，社会上特别是在官吏中厚葬成风。姚崇对这一风气极为反感，他列举古代圣贤薄葬的故事教育他人，不愿意让这奢侈之风将社会人心变坏，言教不如身教，这样批评厚葬之风，不如用自己的行为为世人做出表率。在姚崇去世前，他向子孙留下遗嘱：不准为他厚葬，只给他穿平常的衣服，不要抄经写像，并告诫他的子孙们

去世以后，也要照他的嘱咐去做，要永为家法。姚崇节俭办后事的故事，也被后世广为流传。狄仁杰的慧眼发现姚崇这样的英才，让他十分欣慰。如果他知道自己身死之后，这位自己举荐的贤才能够如此修为，他一定会含笑九泉的。

还有一位为政以清廉善治著称的大臣，他叫敬晖，字仲晔，唐绛州平阳人，有关他的记载历史上不是很多，后人也无法知道他确切的生卒年。他 20 岁时中明经举入仕，他也是狄仁杰为朝廷引荐的众多青年才俊之一，同时在神龙元年（705）与张柬之、桓彦范等五人集团举兵推翻武则天的统治，是复辟李唐王朝的核心成员之一。可以说在狄仁杰告老之时，他向武则天推荐了数十位贤臣，这数十位忠贞廉洁、精明干练的贤臣，被武则天委以重任之后，政风为之一变，朝中出现了一种刚正之气。以后，他们都成为唐代中兴的名臣。可见狄仁杰的睿智和远见。

狄仁杰还举荐了一位少数民族将领，即契丹族猛将李楷固。李楷固自幼习武，熟悉兵法，善于使用套绳和骑射，是一位难得的将帅之才。曾经用绳索套住过唐将张玄遇、麻仁节。李楷固曾经屡次率兵打败唐朝军队，可以说是唐代的一个劲敌。在孙万荣死后，李楷固被唐朝俘虏。唐朝的有关人士主张将其处斩。狄仁杰知道李楷固的才干，不忍心这样一个有才的武将就这样被断送，因此他决定将其劝降。但是李楷固在此事中表现得很顽固，因为他并不信任唐朝，不想为自己的敌国效力。他想：与其在唐朝苟且偷生，不如为国守节而死，反而能落个美名。因此他很坚决地告诉前来劝降的人让他们死了这条心，他是不会投降的。劝降的人告诉了狄仁杰他的态度，其他的人都说既然他不识时务就不要留他了。但是狄仁杰说：“李楷固这么说，那是他惦记自己的家人，怕他们因自己降敌而受到迫害。”不久，

狄仁杰秘密叫人将其家人接到长安，李楷固知晓之后，心便安定了下来，于是归顺了唐朝。狄仁杰的儿子曾问狄仁杰为什么会对这样一个人这样下功夫，狄仁杰说李楷固有骁将之才，若恕其死罪，必能感恩效节，我为他消除了后患他定能为唐尽心效力，何况上天有好生之德，他并不是罪大恶极之人，将其用于国防定能为安邦定国效力。狄仁杰在李楷固写了降书之后，便奏请武则天授其官爵，希望武则天考虑任其征战，他将此情况告知武则天，武则天打消了对李楷固的怀疑之念，接受了狄仁杰的建议。李楷固因为此事对狄仁杰十分感激，他打消了一切辜负唐朝、辜负狄仁杰的念头，决定以自己的功绩报答狄公，因此李楷固等率军讨伐契丹余众，凯旋而归。武则天知晓之后，龙颜大悦决定设宴庆功，奖赏李楷固等人，武则天在大殿之上，举杯对狄仁杰说："今日李将军得胜归来，真的是狄公举荐之功，因此最大之功当属狄公。"狄仁杰笑了笑说："臣只是尽为臣之本分，为国家举荐人才，真正的功劳当属于李将军。"

狄公举荐的这些贤才，的确都发挥了他们的作用，在唐朝的历史上留下了自己的美名。当然狄公因为将其举荐也享有知人善任的美名，狄仁杰的确是桃李满天下。狄仁杰之所以能举荐人才，是有一定条件的，首先是因为唐朝任用贤能的传统，当然还有狄仁杰自身过硬素质，因此他能够发现人才，而且社会环境也能够培植人才，所以这些人才能够为国所用。因此有人告诉狄公说："天下人才尽出于公之门呀！"狄仁杰听了，笑着说："我只是尽为人臣之力而已，举荐贤才也是为国效力，怎么能够说是我之功劳呢。"为人有功并不居功，狄公的胸怀真是无人能及啊。

八、挥手含笑去，美名千古传

举荐了这些英才之后，狄仁杰感到自己的任务已经完成，打算退隐归乡，于是他屡次上书，表达隐退之意，但是武则天都没有答应。因为武则天生性多疑，难得身边有一个如此信任之人，所以她不打算让狄仁杰离开朝堂。她十分尊重这位宰相，从来不肯称其名号，而是十分尊重地叫他国老，狄仁杰为人刚直，有时在朝堂之上，当面地指出她的过失，武则天也很虚心地接受。一次跟随武则天出游，因风大，狄仁杰的头巾被刮落地，马因受惊而跑，无法制止，武则天命令太子去抓住马辔头把马系住。由于狄仁杰年老多病，上朝之时武则天不让狄仁杰对自己行三拜九扣之礼，她对狄仁杰说："每当国老拜我之时，我的身上感到很痛。"她常常告诉其他大臣如果是小事就不要打扰狄公，让他好好休息。久视元年（700），一天早晨，狄仁杰起床很早，近日来他深感自己的身体乏力，他知道自己大限已到。他望着窗外的天空，心里感到很踏实，因为他该做的都已经做完了，如今已经无有牵挂，他找来儿孙，向他们说了自己年少时的志向，告诉他们要常怀一颗爱民之心。他想起如今朝堂之上有那么多品德高尚之士，将国家之事交予他们，自己很放心。一切妥当之后，狄公安然地趟在了病榻之上，闭上了双眼，嘴角边有一丝难以察觉的微笑。

狄仁杰病故的消息，让朝野上下一片凄恸，女皇武则天哭泣着说"朝堂空也"。是啊，这样的贤臣是不可多得的，一个"空"字可见他在皇帝心中是多么重要。

狄仁杰具备了太多的美德，他是后人景仰的英雄，从古至今能够爱才惜才的人被看做君子，而那些嫉贤妒能的人则被看做小人，我们知道这位狄仁杰应该算是一位大君子。同时也明白他之所以能够有此成就，不仅仅是因为他的才德，

古往今来有多少有才德之士，他们没有成就功业原因何在？很多是因为周围环境险恶，如屈原虽有“美政理想”，但是因为“举世皆醉我独醒，举世皆浊我独清”，而只能空有抱负而遗恨终身。诸葛孔明虽有一颗报答主公之心，也只能“出师未捷身先死”，因为他的后主根本不是个可以成大事之人，因此他只能含恨而死。“先天下之忧而忧，后天下之乐而乐”，有如此修为的范仲淹，也因没有贤主赏识而不能成就此壮志。所以说狄仁杰很幸运是因为他遇到了明主，并且出生在一个举国上下都明是非的朝代，因此他可以坚守正义，可以提拔人才，再加上他的身边有很多德才兼备的人，他们能够辅助他成就功业，可以说狄仁杰才能够有此机会做一个治世之才。由此可见，这位知人善任的宰相是因为有知人善任之才，又有能够行知人善任之道的环境才能够知人善任的，那么如此看来他又是很幸运的。

总之，狄仁杰具有这般铮铮的铁骨，他不但有非凡的毅力和智慧，还有超人的胆略。以天下黎民苍生为自己做官的根本原则，无论做什么事情都首先不忘记做人的根本，不但自身清正廉洁，还要惩处十恶不赦之人。对人民百姓的热爱让他能够俯仰无愧于天地，其实人民的无限的敬仰就是为官的最大的荣耀，凡受老百姓爱戴的人都是拯救他们于水深火热的人。而狄仁杰正是这样的一个典范，他的德行可以昭示乾坤日月。不管怎样，这位英豪以他的出世改变了唐代的历史，为后人树立了典范，后人将会永远记得这位知人善任的宰相。

成就霸业——管仲

管仲，原名管夷吾，字仲。他是我国春秋时期著名的思想家、政治家、军事家。管仲自幼家贫，不得不过早地挑起家庭的重担，为维持家计，与鲍叔牙合伙经商后从军，经保叔塔力荐，成为齐国上卿，辅佐齐桓公成就霸业。它不仅建立了彪炳史册的功勋，还给后世留下了一部以他名字命名的巨著——《管子》。书中记录的他的治国思想，对后世影响深远。

一、管仲的青年时代

（一）管鲍之交知音情

管仲的祖先是周的同姓管国后裔，父亲管庄是齐国的大夫，后来家道中衰，到管仲时已经很贫困了。管仲的青年时代，是属于士的阶层。春秋时的士，社会地位较低，只要有一定的文武本领都可以当士。士在和平时期，帮助贵族做些杂事；战争时期充当军队的先锋。管仲从小就通《诗》《书》，懂礼仪，又会驾车射箭等技艺。

管仲年轻时，为了谋生，做过当时认为是微贱的商人。作为商人，他走南闯北，到过很多地方，广泛接触过各式各样的人，这种经历增强了他对社会的了解，对当时的政治形势和社会弊病有深刻的认识。他并不满足于养家糊口的平庸生活，当看到周王室的衰落，政治的混乱，社会的动荡，国家的贫弱，人民的困苦时，就立志做一番事业，立不朽的功名，并积极寻找机会实现自己的抱负。他曾经说过："我曾多次投奔到贵族门下，想为国效力，却都被那些高高在上的人赶了出来。"但是他并没有因此而丧失信心，始终坚信自己的才华终有用武之地。

管仲的好朋友鲍叔牙也和他一样有着远大的志向，他给了管仲很多帮助，不仅在物质方面更重要的是在精神层面。他们相互看重，彼此珍惜。两人一起经商，赚了钱以后，每次管仲都要多分给自己，少分给鲍叔牙。久而久之，旁观者都看不过去了，为鲍叔牙打抱不平，背地里议论管仲贪财，不讲友谊。鲍叔牙知道后就替管仲解释，说多分给他钱是我情愿的，管仲不是不讲友谊、贪图金钱，他这样做是因为他家贫困，需要钱用，应当多分一点给他，有能力帮助朋友度过困难，这是每个有良心的人都应当做的。听了这些话，那些原来有意见的人都口服心服，再也不说什么了。

管仲和鲍叔牙曾一起当过兵，打过仗。每次作战，鲍叔牙都冲在前面，而管仲却躲在后面；当退兵的时候，管仲又总往前跑。于是，人们都议论纷纷，说管仲贪生怕死，是个胆小鬼。鲍叔牙听了这些讥笑后，深知这不符合管仲的实际情况，就向人们解释说：“谁说管仲贪生怕死？他的母亲年老多病，全靠他一个人供养，他还要留下来奉养老母，所以他不得不那样做。实话说吧，像他那样勇敢的人天下少有，你们哪里比得上他？”管仲听了这些话，很受感动，想为鲍叔牙做些事，有时他替鲍叔牙出主意，但事情却总办不好，反而给鲍叔牙造成了许多新困难。因此人们都认为管仲没有办事本领，鲍叔牙却不这样看，他心里明白，自己的朋友管仲是一个很有本领的人，事情之所以没有办成，只是由于机会没有成熟罢了。管仲多次向贵族求官，多次不被重用，鲍叔牙也不因此而小看他，只认为是那些贵族不识贤能。就这样始终信任他的为人，支持他为实现理想而奋斗。在长期的交往中，两人结下了深厚的友谊，管仲多次对人讲过：“唉，生我的是父母，了解我的，只有鲍叔牙！”他十分感激鲍叔牙，因为鲍叔牙了解管仲看重大义、不拘小节、坚韧不屈的个性，两人也因此结成了患难与共的挚友。

公元前 674 年，齐僖公驾崩，留下三个儿子，太子诸儿、公子纠和小白。齐僖公在世时，任命管仲和召忽为公子纠的“傅”，即老师。后来齐僖公又让鲍叔牙为小白之“傅”，负责教导小白。但鲍叔牙认为辅佐小白不会有什么前途，便拒绝了，还假装生病不出门。

管仲邀召忽一同去看望鲍叔牙，问道：“为什么不出来做事呢？”鲍叔牙推心置腹地说：“先人说过，没有比父亲更了解儿子的了，没有比君主更了解臣下的了。现在国君知道我不能干，所以派我做小白的老师，我不想干了。”

召忽同情地说：“你如果坚决不干，就不要出来，我暂时向国君说你快死了，就一定能把你

免掉。”鲍叔牙感激地说：“有你这样做，就没有做不到的了。”

管仲不同意鲍叔牙的看法，他说：“不行。主持国家大事的人，不应该推辞工作，也不应该贪求空闲。将来真正掌握政权的，还不知道是谁呢！你还是出来干吧！”

召忽也对小白没有信心，他不同意管仲的意见，说：“不行。我们三人对齐国来说，好比鼎的三足，去掉一足就立不起来。我看小白必定不会继承君位。”

管仲见鲍叔牙、召忽对小白都没有信心，他分析说：“我看不对。人们由于厌恶公子纠的母亲，必然会连累到公子纠本人，反而同情小白没有母亲。公子诸儿虽然年长，但品质卑劣，前途如何还不一定。看来将来能安定齐国的，除了公子纠与小白两人外，恐怕不会再有别人。公子小白不但不会耍小聪明，而且性情急躁，但是能把握大方向。不是我管仲，就不会理解、容忍公子小白。如果不幸有一天上天降祸加灾于齐国，公子纠就算能立为君主，也不会成就什么大事。那时不靠你鲍叔牙来安定国家，还能靠谁呢？”

召忽是个耿直的人，他对齐僖公之后的政局非常担心，于是忧心忡忡地说：“国君百年之后，如果有违君命而废掉我所拥立的公子纠，夺去公子纠的君位，就算他得了天下，我也不愿辅佐他。参与齐国的政事，接受君主的命令而不折不扣地执行，一心一意帮助我所拥立的公子，保证他不被废除，这就是我义所当为的事情。”

管仲是个注重大局而不拘小节的智者，当然不会赞同召忽这种愚忠思想。他说：“作为人君的臣子，是受国君之命为国家主持宗庙的，岂能为公子纠而牺牲自己？我只有在国家破、宗庙灭、祭祀绝的情况下才会去死。除了这三种情况，我就要活着。”停了停，管仲又非常自信地补充说：“只要我管夷吾活着，就会对齐国有利；如果我管夷吾死了，就会对齐国不利。”

鲍叔牙听二人把话题扯开了，忙插话进来问道：“那么我到底该怎么办？”

管仲回答说：“你接受委任就是了。”鲍叔牙听从了管仲的意见，马上就出来接受命令，担任公子小白的老师，尽心竭力侍奉小白。管仲、召忽、鲍叔牙三人还相互约定，无论将来是公子纠还是公子小白做君主，他们三人都要相互引荐。

鲍叔牙担任了公子小白的老师后，心里没底，又找管仲商量，问他：“我该怎样做工作呢?”管仲回答说：“作为人臣，如果对君主不尽心竭力，君主就不会亲信。君主不亲信，说话就没有分量。说话没分量，那国家就不安宁。总而言之，侍奉君主，不可存有二心。”鲍叔牙表示非常赞同。

齐僖公死后，太子诸儿即位，他就是齐襄公。太子诸儿虽然居长即位，但品质卑劣，荒淫暴虐无道，对外不断发动战争，侵占别的诸侯国；对内又残酷压榨老百姓，弄得民怨沸腾，民不聊生，致使国中老臣深为齐国前途忧虑。不久，齐襄公与其妹即鲁桓公的夫人文姜秘谋私通，醉杀了鲁桓公，具有政治远见的管仲和鲍叔牙都有察觉，预感齐国将会发生大乱，齐襄公的弟弟怕祸及其身，皆打算去国离乡，所以他们都替自己的主子想方设法找出路。公子小白在师父鲍叔牙的开导下，去劝说齐襄公，结果被齐襄公大骂了一顿，一脚踢了出去。兄弟俩见在国内实在待不下去，便先后离开了齐国。公子小白的母亲是卫君的女儿，卫国离齐国太远，所以鲍叔牙就同公子小白跑到齐国的南邻莒国即小白的姥姥家去躲避；不久，管仲和召忽带公子纠逃到纠的姥姥家鲁国，公子纠的母亲是鲁国国君的女儿。公子纠和公子小白去的地方虽然一南一西，打算却都是一个，就是静观事态的发展，伺机而动。

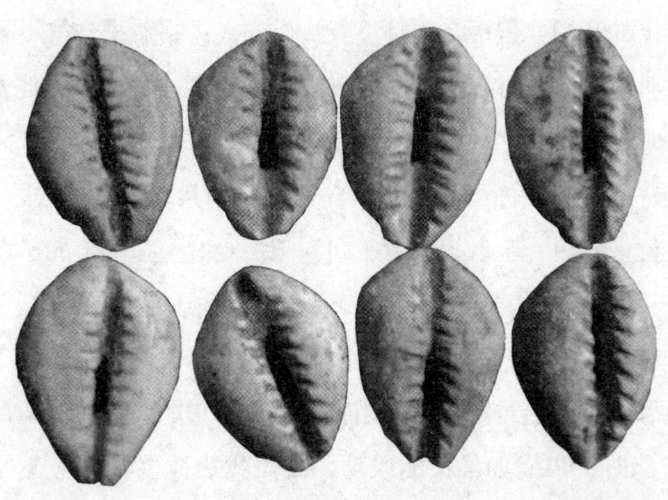

（二）智脱险境拜齐相

齐襄公十二年(公元前 686 年)，齐国内乱终于爆发。当年齐僖公在位时，特别宠爱公孙无知，衣服、礼数和世子享有一样待遇。齐襄公登基后，废除了他原来享有的特殊权力，公孙无知心怀恼怒，于是勾结大夫闯入宫中，杀死齐襄公，自立为国君。公孙无知在位仅一年有余，齐国贵族又杀死了公孙无知，一时齐国无君，一片混乱。两个逃亡在外的公子，一见时机成熟，都急着设法回国，以便夺取国君的宝座。齐国在公孙无知死后，商议拥立新君的各派势力中，正卿高溪势力最大，他和公子小白自幼相好，高溪又同另一个大夫国氏联合，暗中派人急去莒国请公子小白回国继位。

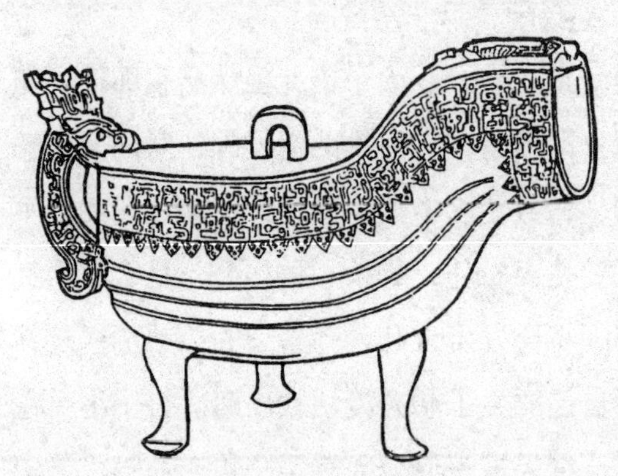

公子小白接信后却沉吟不决。鲍叔牙催促他说："还不赶快回去吗?"小白摇摇头说："不行。管仲智谋过人，召忽武艺超群，有他们在，尽管国人召我回去，恐怕还是回不去的。"鲍叔牙说："如果管仲的智谋能发挥出来，齐国为什么还会乱？召忽虽然武艺超群，岂能单独对付我们?"小白还是很担心，他说："管仲虽然没有发挥其智谋，但毕竟不是没有智谋的人；召忽虽然得不到国人的支持，但他的党羽还是足以加害我们的。"鲍叔牙坚持要小白回去，他说："国家一乱，智者也无法搞好内政，朋友也无法搞好团结，国家完全可以夺到手。"鲍叔牙又为小白仔细分析国内形势，然后向莒国借了兵车，命令立即驾车出发。鲍叔牙把小白拉上车后，亲自为他驾车向齐国疾驰。坐在车上的小白还是犹犹豫豫，他说："管仲和召忽两人是奉君令行事的，我还是不能冒险。"说着就要下车。鲍叔牙见小白要下车，非常着急，想拉住他，但两手忙于驾车，腾不出来。于是他也顾不了什么君臣礼节，用靴子挡住小白的脚说："事情如果能成功，就决定于此时；事情如果不能成功，就由我牺牲生命，您还可以保住性

命。”于是他们继续前进。

而这时，鲁庄公知道齐国无君后，也万分焦急。鲁国在齐襄公之时，受尽了齐国的欺凌，鲁庄公早就想出这口气了。只是齐大鲁小、齐强鲁弱，鲁国奈何不了齐国，加之鲁庄公的母亲又是齐襄公的情人，当然不会让鲁国与齐国对立。而鲁庄公即位时，只有12岁，还是孩童，对政策当然不会有什么影响，掌握鲁国权力的是他的母亲和一干卿大夫。

这时，鲁庄公已是20岁的“初生牛犊”，自有一种不畏虎的刚烈个性。而鲁国的政权他也能够控制，不再受制于其母。所以，当齐国发生内乱之时，鲁庄公就积极干预，想把鲁女生的公子纠推上齐国君主的宝座。在雍林杀死公孙无知不久，鲁庄公就召集齐国的部分大夫到鲁国的暨（今山东苍山县西北）紧急磋商，打算把公子纠送回齐国为君，还订立了盟约。

很快，管仲、召忽就护卫公子纠向齐国进发。后来他们发现公子小白已经先出发回国，就派管仲另率一支小分队，到莒国通往齐国的路上去截击。于是管仲亲率三十乘兵车，车上的武士，个个精明能干，当人马经过即墨三十余里时，正遇见公子小白的大队车马。管仲上前拜见小白，问：“公子别来无恙，现在您要到哪里去？”小白说：“要回齐国为父亲奔丧。”管仲说：“公子纠是长子，按道理应该由他主持葬礼，公子您最好就在这儿停下来，先别回去了，免得人家说闲话。”鲍叔牙虽然跟管仲是好朋友，但当此社稷安危之际，为了自已的主子，也不能再沉默了。他圆睁双眼，生气地说：“管仲，你走你的路吧！各人有各人的事，你少操这份闲心！”管仲见莒国的将士这时都怒气冲冲，戒备森严，大有一触即发之势，他害怕寡不敌众，便诺诺连声地退了下来。刚退到一处小树林边，他便迅速弯弓搭箭，猛一转身，对准公子小白，“嗖”地一箭射去。只听小白大叫一声，口吐鲜血，一下子倒在车上。鲍叔牙和随从们一见这情

景，慌忙围上来抢救，许多人吓得都哭了起来。管仲见状，急忙率领他的人马逃跑了。管仲跑了一阵，心里越想越得意。他想，公子小白已被射死，公子纠的君位已经稳拿到手了。他如释重负般地回到鲁国，向鲁庄公一一禀报。鲁庄公闻报大喜，立即设宴相庆。宫廷上下，一片狂欢景象。喜庆过后，管仲便同公子纠一起，在鲁国军队护卫下，从从容容地回齐国去了。

但是，管仲高兴得太早了。原来公子小白并没有死。管仲那一箭，只射中了他的带钩。小白大惊之下，知道管仲箭法高明，怕他再射，急中生智，猛地咬破舌头，大叫一声，口吐鲜血，装死倒在车上。等管仲跑远了，他才睁开眼睛，松口气说："好险啊！多亏天公助我，使我复得一命。"鲍叔牙担心管仲会再来，告诫小白不可麻痹轻敌，让他换了衣服乘车抄小路向齐国都城急驰。当管仲和公子纠兴高采烈地在路上走着时，公子小白已提前赶到都城临淄了。

一到达临淄，鲍叔牙便四处奔走活动，说服大臣们拥立小白为国君。有的大臣说："已派人到鲁国接公子纠去了，怎么可以再立别人？"也有的说："公子纠年长，按理应该立他。"鲍叔牙说："我们齐国连年发生内乱，人心浮动，民不聊生，只有立一位有贤德才能的国君，才能使国家安定，如果不立德才兼备的公子小白为国君，而立公子纠为国君，这正合了鲁国的心意，鲁国必会以恩人自居，对齐国发号施令，让我们臣服于他们。这怎么能行呢？目前我国正处在多难之时，而鲁国必会乘机勒索，这样我们怎能忍受得了？"大臣们听了，觉得鲍叔牙讲得很有道理。特别是齐国正卿高氏和国氏都同意立公子小白为国君，于是公子小白就进了城被拥立为齐国国君，他就是历史上有名的齐桓公。

鲍叔牙知道鲁国不会就此甘心，便派人去对鲁庄公说，齐国已经有了新国君，别再送公子纠回来了。这时鲁国护送公子纠的军队已经到达齐鲁边界，鲁庄公哪肯退兵？鲍叔牙见鲁国大军压境，便建议齐桓公发兵抵抗。他和齐桓公亲率齐军，出奇制胜，大败鲁军，并乘机夺了鲁国的大片土地。

鲁庄公吃了败仗，收拾残兵败将，慌忙逃回都城曲阜。正当狼狈不堪之际，鲍叔牙又带领齐兵打上门来，要求鲁国杀死公子纠，交出管仲；否则，决不退兵。鲁庄公迫于无奈，只好一一答应了齐国的条件，派人杀了公子纠，捉住管仲。鲁国的谋士施伯见管仲生得相貌不凡，知他是位天下奇才，将来必能辅佐齐国，称雄天下，因此建议鲁庄公替管仲在齐君面前求情，将来管仲必会对鲁国感恩戴德而为鲁所用。鲁庄公怕齐君不许，不愿替管仲求情。施伯复又说："您如果认为管仲不可用的话，就干脆杀了他，把他的尸体送给齐国。"鲁庄公表示同意，而齐国的使者却急忙制止说："管仲曾射过我们国君，国君对他恨之入骨，非亲手杀了他方能解恨。你们擅自杀了他，我们国君是不会答应的！"鲁庄公哪里还敢得罪齐国？忙让人把管仲绑上囚车，连同公子纠的首级一起交给齐国使者，让他们押送回齐国去。

管仲在囚车里边走边想："让我活着回去，这一定是鲍叔牙的主意。现在鲁君虽勉强同意把我交给齐使，可是谋士施伯不会同意的。万一他们反悔，派人追上来，我的命就难保了。"想到这里，他忽然心生一计，编了一首歌，教同行的兵士唱。大家边唱边赶路，忘记了疲劳，越走越带劲，三天的路程两天就赶完了，很快就离开了鲁国。等到鲁庄公真的后悔了，派人追赶时，已经追不上了。

管仲回到齐国，他的好友鲍叔牙亲自到城外来迎接他。管仲觉得自己既未能把公子纠扶上君位，又未能与之同死，为其尽忠，现在又让他服务于齐桓公，势必有损于名节。鲍叔牙开导他说："一个成大事的人，是不计较那些小名节的。你有治理天下的才能，过去却未遇明主，没得到施展抱负的机会。现在齐桓公睿智英明，若能得到你的辅佐，治国安邦，必能成其大业，功盖天下。这不比你死守那所谓的'名节'

重要得多吗？”一席话，说得管仲低头不语。

鲍叔牙说服了管仲，又急忙去见齐桓公。齐桓公此时正急需有才干的人来辅佐，因此就准备请鲍叔牙出来任齐相。鲍叔牙诚恳地对齐桓公说：“臣是个平庸之辈，现在国君施惠于我，使我如此享受厚遇，那是国君的恩赐。您如果想把齐国治理富强，那么有我辅佐就可以了；如果您想称霸诸侯，那就非得管仲不可。”齐桓公惊讶地反问道：“你不知道他是我的仇人吗？”鲍叔牙回答道：“客观地说，管仲是天下奇才。他英明盖世，才能超众。”齐桓公又问鲍叔牙：“管仲与你比较又如何？”鲍叔牙沉静地指出自已在五个方面不如管仲：一是宽和为政施惠于民；二是掌握大权而不使之旁落；三是忠诚待人，团结群众；四是制定礼仪使天下效法；五是执掌军纪，提高战斗力。就是说无论理政治军，还是辖士管民及外交，他都不及管仲的才能。但桓公记恨那一箭之仇，有些犹豫。鲍叔牙进一步谏请齐桓公释掉旧怨，化仇为友，并指出当时管仲射国君，是因为公子纠命令他干的，现在如果赦免其罪而委以重任，他一定会像忠于公子纠一样为齐国效忠。齐桓公听了鲍叔牙的话，心里释然了。

在鲍叔牙的建议下，齐桓公同意选择吉日，以隆重的礼节，亲自去迎接管仲，以此来表示对管仲的重视和信任，同时也让天下人都知道齐桓公的贤达大度。

就这样，鲍叔牙分别做通了齐桓公和管仲的工作，于是齐桓公赦免了管仲射钩之罪，正式拜管仲为相。

二、治国之本在足民

（一）齐国的内忧外患

管仲踏上了齐国的政坛，开始了辅佐齐桓公创立霸业的新征程。但是霸业的创立并非一帆风顺，我们回到他处的时代，那时正是列国并峙、互相征战不休的时代。当时在黄河下游比较活跃的大国有齐、鲁、郑、宋、卫；小国有邢、遂、谭、纪、杞，大国又分两派，一派是郑、齐、鲁，一派是宋、卫。小国也附属在各个大国一边。两派的力量以郑、齐、鲁为强。

此时，边境的各族也都发展起来。北方的狄人开始南下，成为中原各国的严重威胁。西方的戎人也开始东进，戎国经常侵犯鲁国和曹国，北戎又侵犯郑国，山戎又进攻燕国，伊洛之戎又进攻周王室。而南方的蛮人也跃跃欲试，想要北上。边境民族内侵，与周王室的衰弱是分不开的。在春秋之初，周王还有些威信，自从鲁桓公五年(公元前 707 年)周郑葛之战，周桓王的肩被郑祝聃射中，王师大败后周王室就一蹶不振。齐襄公四年(公元前 694 年)周王室发生内乱，庄王杀了周公。晋献公二年(公元前 675 年)，周王室的国、边伯、詹父、子禽、祝跪等大夫叛乱，后经郑、虢出面调解才平息。周惠王为了报答郑、虢，将虎牢以东送给郑国，把酒泉送给虢国。于是王畿越来越小，威信也就越来越低。

面对如此混乱的社会状况，齐桓公一登上王位就迫不及待地召集管仲商谈国家大事。一次齐桓公召见管仲，首先把想了很久的问题摆了出来。“你认为现在的国家可以安定下来吗？”管仲通过一阶段的接触，深知齐桓公的政治抱

负，但又没有互相谈论过，于是管仲就直截了当地说：“如果您决心称霸诸侯，国家就可以安定富强；如果您要安于现状，国家就不能安定富强。”齐桓公听后说：“我现在还不敢说这样的大话，等将来见机行事吧!”管仲为齐桓公的诚恳所感动，他急忙向齐桓公表示：“君王免臣死罪，这是我的万幸。臣能苟且偷生到今天，不为公子纠而死，就是为了富强国家社稷；如果不是这样，那臣就是贪生怕死，一心为升官发财了。”说完，管仲就想告退。齐桓公被管仲的肺腑之言感动，便极力挽留，并表示决心以霸业为己任，希望管仲为之出力。后来，齐桓公又问管仲：“我想使国家富强、社稷安定，要从什么地方做起呢？”管仲回答说：“必须先得民心。”“怎样才能得民心呢？”齐桓公接着问。管仲回答说：“要得民心，应当先从爱惜百姓做起；国君能够爱惜百姓，百姓就自然愿意为国家出力。”“爱惜百姓就得先使百姓富足，百姓富足而后国家得到治理，那是不言而喻的道理。通常讲安定的国家常富，混乱的国家常贫，就是这个道理。”

齐桓公十分赞同管仲的思想，于是就把改革齐国的重任交给了管仲。商贾出身的管仲最善于理财，他既有商人的审时度势、权衡轻重的灵活性，又有政治家的注重大节、果敢刚毅的气魄，在接受了齐桓公的如此大任后，管仲深感任重道远，但是他坚信自己治国必先富民的思想。他提倡“仓廪实而知礼节，衣食足而知荣辱”，认为国家财力充足，远方之人会自动归属齐国；开发荒地，种植庄稼，有所收成，本国之民自然会安心住下。管仲的这一治国道理，用今天的话来说，就是人民的思想觉悟是由物质条件决定的。要以这样一个指导思想为原则，制定治国方针大计。

（二）管仲的经济改革

如何使人民富足呢？他说：“凡有地牧民者，务在四时，守在仓廪。”就是

说国君必须注重农业，储备粮食。只有“务五谷则食足，养桑麻、育六畜则民富”，发展农业才能丰衣足食。要发展农业，就只有提高农业生产者的积极性。要做到这一点，就只有实行有利于他们的改革。管仲就采取改革农业税制的办法来达到这一目的。

古时候，我国的土地是国有制，“溥天之下，莫非王土。”“同养公田，公事毕然后敢治私事。”实际上就是实行劳役税制，大家共同出力耕种公田。但到了春秋时期，由于生产工具的进步，掌握了铁质农具和牛耕技术，生产效率大大提高，集体劳动的必要性日渐减弱，以个体家庭为单位的生产积极性越来越高，私田面积逐渐增加，出现了“公田不治”，杂草丛生的现象。齐国的情况尤为严重，贵族侵吞国君的公田，掠夺农民的土地和国家的山川林泽的情况也十分严重。有些失去土地的农民进入城市，从事工商业，这些情况导致了国家财政收入的锐减。农业生产凋敝，国家贫穷，人民生活非常困苦。针对这种情形，管仲提出实行“相地而衰征”的新税制。“相地”是观测、评定土地，以区分土地的肥瘠、好坏；“衰征”是依土地等级来征收赋税，可见“相地而衰征”是以取消公田和私田的划分为前提的。由于这种征税的办法比较合理，使农民的负担相对平均，因而能够起到安定农业人口的作用。

“相地而衰征”的过程大约分为三个步骤。

首先是相地，又称“相壤”、“正地”。也就是测量，就是说土地无论宽狭、大小，都要测量和分出等级的好坏，并将土地分成上等田地、中等田地和下等田地三等。山林川泽不能生产粮食的，依据它是否能生产树木，或者是否能捕捞鱼虾，从百亩折合一亩粮地到五亩折合一亩粮地不等。旱地八尺见水的，轻征十分之一。地势越高，减征越多。至四十尺见水的，减征一半。涝洼地五尺见水的，轻征十分之一。地势越洼，减征越多。一尺见水的洼地与水泽等同。各种土地的分类，都是折合成耕地面积，还依照

自然地理状况，划分为渎田、丘陵、山地三类，并按地势、山泉及谷、木、草的出产分为二十五种地，又把上土、中土、下土各分为三十种。

其次是“均地分力”。“均地”是把公田分给各个农户去耕种，具体办法就是把公田和农民的私田一起拿出来平均分配。“分力”是指打破公田、私田的界限后，实行授田制（一般是每户一百亩，约合今天的三十一亩多一点）下一家一户小农经济的分散经营。这是继取消公田、私田划分办法以后出现的一种新的土地关系，主要在五鄙中推行。齐国的井田制因此发生了很大变化，即由有公田变为无公田。与之相应，公田时代的劳役地租也为非公田时代的实物地租所代替，“相地而衰征”的新税收制度也只有在这种情况下才能够真正实行。

实行“均地分力”后，农民耕种自己的份地，其劳动的勤惰直接影响其收获的多寡，因此，生产的积极性被大大激发。于是，“民乃知时日之早晏，日月之不足，饥寒之至于身也。是故夜寝早起，父子兄弟不忘其功，为而不倦，民不惮劳苦”。生产与切身利益联系起来了，当然就激发了生产的积极性，生产效率必然提高；生产产量增加，人民生活改善，国家收入也增多起来。可见，管仲提出“相地而衰征”的土地税收政策，使赋税负担趋于合理，提高了人民的生产积极性。

第三是“与之分货”。就是说，农民应知道自己应得部分和土地所有者的征收部分，二者共同分配土地上的生产物，即实行地租分成制。实行地租分成制后，分租比例固定，多产多得，耕者就会为增加产量而尽力，就会起早贪黑，不辞劳苦。

由于农户分到的土地有好有坏，其收成也有多有少，因此为了使农民的负担平均一些，不同土地的纳税额也应有所不同，这自然就产生了“相地而衰征”的税收原则。

至于国家对采邑主和自耕农的税收额，则是按照田地多少来征收田税。农

民以粮食来完税，每两年交一次。年成好时，交十分之三，中等年成交十分之二，下等年成交十分之一。若遇灾荒，则不交税。农民每年的负担一般是十分之一的税，这与西周时代相同。古代农民的土地税额并不太高，这并不是说他们的负担比较轻，因为当时农民的主要负担不只是税，还有沉重的赋役。

管仲除了为齐国建立了一套新的土地制度和税收制度，以保证农民安于土地并激发农民的生产积极性外，还以各种手段保障和促进农业生产的发展。他曾告诫齐桓公，不要因为滥用劳役而妨碍农时，耽误生产；不要强征牛羊，影响畜牧业的发展。管仲主张在搞好粮食生产的同时，也要发展农村的家庭纺织业和畜牧业。

显然，管仲这一改革对于实现富民以求治国的目的是有作用的。几百年后，战国的吕不韦作《吕氏春秋》一书，还对这一改革措施作了这样的评价：“公作则迟，有所匿其力也；分地则速，无所匿迟。”另外，这个时期正处于我国历史大变革时期，奴隶制度已经解体，开始向封建制过渡，税制的这种变化也体现了劳动者身份的变化，压在他们身上的集体劳役负担解除了，获得了一定的相对自由。所以，这一改革是有重要历史意义的。

（三）大胆的内政改革

百姓富足了，这时齐桓公就提出“百姓已经富足安乐，兵甲不足又该怎么办呢?”管仲说：“兵在精不在多，兵的战斗力要强，士气必须旺盛。士气旺盛，这样的军队还怕训练不好吗?”管仲具体分析了齐国的现状，确立了新的社会编制。首先对齐国行政方面进行了一系列改革：划分和整顿行政区划和机构，把国都划分为六个工商乡和十五个士乡，共二十一个乡。士乡就是农乡，平时耕种农田，战时当兵，实行兵民合一。十五个士乡是齐国的主要兵源。齐桓公自己管理五个乡，上卿国子和高子

各管五个乡。把国政分为三个部门，制订三官制度。官吏有三宰，手工业立三族，商业立三乡，川泽业立三虞，山林业立三衡。郊外三十家为一邑，每邑设一司官。十邑为一卒，每卒设一卒师。十卒为一乡，每乡设一乡师。三乡为一县，每县设一县师。十县为一属，每属设大夫。全国共有五属，设五大夫。每年年初，由五属大夫把属内情况向齐桓公汇报，督察其功过。于是全国形成统一的整体。

军队方面，管仲强调寓兵于农，规定国都中五家为一轨，每轨设一轨长。十轨为一里，每里设里有司。四里为一连，每连设一连长。十连为一乡，每乡设一乡良人，主管乡的军令。战时组成军队，每户出一人，一轨五人，五人为一伍，由轨长带领。一里五十人，五十人为一小戍，由里有司带领。一连二百人，二百人为一卒，由连长带领。一乡两千人，两千人为一旅，由乡良人带领。五乡一万人，立一元帅，一万人为一军，由五乡元帅率领。齐桓公、国子、高子三人就是元帅。这样把保甲制和军队组织紧密结合在一起，每年春秋以狩猎来训练军队，于是提高了军队的战斗力。同时又规定全国百姓不准随意迁徙。人们之间要团结居住，做到夜间作战，只要听到声音就辨别出是敌是我；白天作战，只要看见容貌，大家就能认识。这是一种社会与军事相结合的战斗体制，亦为后来大规模的作战作了准备。

为了解决军队的武器，管仲制定了赎刑，就是人民如果犯罪可以用盔甲和武器来赎罪。犯重罪者，可用盔甲、武器、犀皮的胁驱和两只戟赎罪。犯轻罪者，可以用兵器架、盾牌、胸甲皮与两只戟赎罪。犯小罪者，可以用金属一均半；其他薄罪，缴纳一束箭，以示惩罚。然后用质量好的金属铸造武器，质量差的制作劳动工具。这样既可补充军队装备的不足，又可以为农民提供农具。

在对外交往中，管仲从大处着眼，强调齐国的长远利益。他对齐桓公说："君若想称霸于天下，不如尊崇周室，亲善邻国。审查我国的边境，归还侵占别国的土地，多拿出皮币不断地聘问各国诸侯，而不接受他们的财物，这样四邻

之国都会亲附于我国。同时派出游士八十人，供给他们车马衣裘及财币，使之周游四方，以收揽天下贤士。再派人带上皮币玩好，卖与各国诸侯，以了解各国上下的嗜好。选择国家混乱的先征伐，这样就可以树立威严了，这样天下诸侯也就会朝于齐国了。国君您再率领诸侯拜周，使诸侯各尽职责。如此，王室地位重新尊贵，诸侯的首领方伯的美名您就是推辞不就，也是不行的。”

“大厦之成，非一木之材也；大海之润，非一流之归也。”因此，管仲还十分重视选拔人才，要求各乡都要推举贤士，不得“蔽明”、“蔽贤”。他还主张凡孝悌忠信、贤良俊才，不论什么地位，都要加以合理运用。他善于任用人才之所长，避其所短。齐桓公向管仲请教如何任命官吏，管仲说：“升降揖让，以明礼待宾，我不如隰朋，请立为大司行；垦荒草，辟农田，尽地之利生产粟米，我不如宁戚，请立为大司田；战场上三军成阵，使士兵视死如归，我不如王子成父，请立为大司马；决狱公正，不杀无辜，不诬陷无罪之人，我不如弦高，请立为大司理；犯言直谏，不避死之，我不如鲍叔牙，请立为大谏之官。”管仲通过对每个人个性的分析，抓住人才各自的特点，并使之有机利用，相互配合补充，成为一个坚强有力的政治集团，这充分体现了管仲杰出的组织才能。

管仲采取的一系列政治、经济、军事等措施，使齐国由一个分封在海滨的百里小国，成为春秋时期举足轻重的大国，展示了管仲治国安邦的雄才大略。

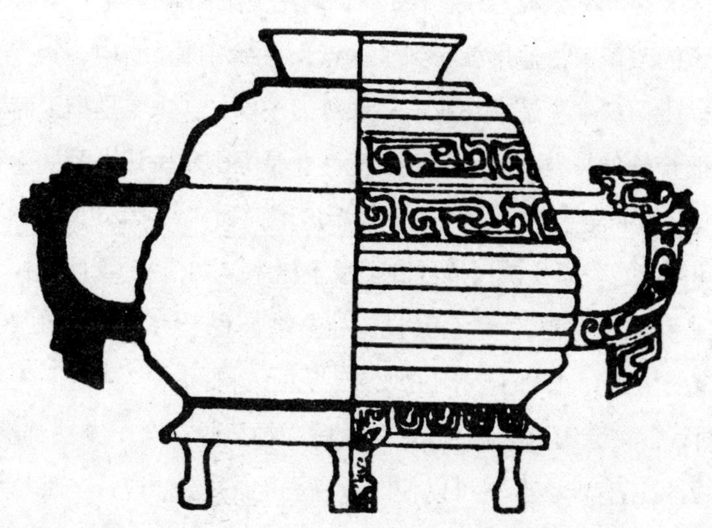

三、本末并重以富民

（一）重农抑商的国家

面对逐渐强大起来的国家，齐桓公又向管仲提出了新的问题：“士兵训练好了，财力不足，又怎么办呢？”管仲回答说：“要开发山林，开发盐业、铁业，发展渔业，以此增加财源。发展商业，取天下物产，互相交易，从中收税。这样财力自然就增多了，军队的开支不就可以解决了吗？”

我国传统上是一个以农业为主的国家，周王朝是以农业起家的部落，因此，我国自古就有重农抑商的传统。但是，管仲作为有远见的思想家，他看到了要想使国家强大，不仅要积极改革农业，而且也不应该抑制商业的发展。他认为要达到富民以求治的目的，片面地单纯发展农业生产当然是很有限的。后来著名的史学家司马迁就说过：“用贫求富，农不如工，工不如商，刺绣文不如倚市门。”管仲不愧为有卓见、有胆识的改革家，他早就看到了这点，在经济改革当中，实行“本末并重”的方针。所谓“本”是指农业，从来尊为根本；“末”是指工商业，从来都被轻视。而管仲独具慧眼，看到发展工商业是强国富民最有利的途径。齐桓公曾和他讨论这个问题，说：“吾欲征税于房屋，如何？”管仲说：“那会阻碍百姓建房的积极性。”桓公说：“吾欲征税于树木，如何？”管仲说：“那会影响树木的生长和木材资源。”桓公又说：“吾欲征税于六畜，如何？”管仲说：“将影响六畜的繁殖，不利于农副业发展。”桓公再问：“吾欲征人头税，何如？”管仲回答：“会影响人口生育。”最后，桓公见一个个办法都被否定了，便说：“那么我还有什么办法可以使国家富强呢？”管仲说：“唯官山海为可

耳!”只有国家经营、开发自然资源才是可行的办法。既可以增加国家收入，又可以满足人民生活的实际需要，不会像征税那样导致人民的不满。齐国地据沂山、鲁山，濒临渤海，林木、矿藏和渔盐资源丰富，如果国家统一经营这些资源，加以合理开发利用，确是极有利的生财之道。对此，管仲以一个理财家独有的精明头脑，算了一笔笔细账。以盐为例，一个成年男子每月食盐五升少半(古齐升一升容量合今197.6毫升，可盛盐0.173市斤)，成年女子三升少半，儿童二升少半，每百升盐值钱一釜（百钱）。如果每升盐价加半合，一釜就可得五十合，如果一升加一合，一釜就是一百，一钟（当时齐国计量单位，合六斛四斗）就是二千，十钟就是两万。推算起来，一个大国，百钟可以收入二千万钱，国家不必征收人丁户口税，就可以得到加倍的收入。再以铁为例，女人要用针、用刀，农民要用锄头、铁锨，木匠要用斧、锯、凿、锥，每天都离不开铁器，如果十根针加一分，三十根针就相当于一个女人的税额；一把刀加六分，五把刀就相当于一个人的税额。这样做，人人都会自愿交纳，不像征税那样会引起人民的反对，这才是百利而无一害的好办法。所以，管仲提出“□（音转，相等之意）本肇末”的主张，就是在发展农业的基础上，发展工商业，本末要同等看重。

（二）发展商业的措施

为实现这一主张，他实行如下具体办法：

1.国家统一经营并管理主要经济事业，大兴山林、渔、盐之利。管仲设盐铁官，由国家专管盐铁的生产与经销。他鼓励民间煮盐，每年十月，国家开始征收，然后销向国内外，仅出口一项一年获利达黄金一万一千余斤。铁的开采则采取官商合作形式，按开采量提取利率，商民得七成，国家得三成。这样商

民有积极性，生产自然发展，国家又能获利，官商两便。同时将森林和水产业收归国家经营，一方面增加了国家收入，另一方面也不使少数商人获得巨利，也安定了民心，有利于农民安心务农。

2. 大力发展商业，繁荣国内外贸易。管仲认为“无市则民乏”，发展商品经济才能使人民富裕。所以他鼓励经商，放手让百姓将各种农副产品“鬻（音育，卖的意思）之四方”、还实行渔盐出口不征税的政策来刺激商业的发展。为了使商业繁荣而又不乱，管仲实行了国家统一管理的办法，规定货币由国家铸造发行，物价由国家统一制定，使物价随货币的多少而上下，保持市场稳定和繁荣。

管仲认为边关是引进外国货物的重要门户，因此特别重视边关的管理。为了防止官吏滥征关税，他曾严肃、郑重地通告各处关卡：空车往来的不要索取关税，徒步背负商品到市场上进行买卖的小商贩不要征税，使远方的商旅来我们国家做生意。

为了吸引各国的商人到齐国经商，管仲除了采取低关税政策外，还在生活给养上给外商以优惠。据《管子》一书记载，齐桓公曾问管仲怎样才能召来外商，管仲建议说：“请您下令为诸侯国来的商人修建客舍。对来一乘车的外商免费供给伙食，对来三乘车的外商再加供给马的饲料，对来五乘车的外商除了享有上述优待外，还派给服侍人员。”当时齐国每三十里设置一个驿站，驿站中储有食物，以招待各诸侯国来的使节和商人。为了吸引外商，管仲真是不择手段。据说他甚至设置女闾（妓院）二百，以安行商。由于齐国采取了以上种种优惠政策以招徕商人，所以各国的商人纷纷到齐国经商。《管子》称当时“天下之商贾归齐若流水”。

3. 提高农产品价格，解决农工商收益不平衡的矛盾。工商业特别是商业的发展远比农业获利大，这就出现了收益不平衡的矛盾，影响农业的稳定发展。齐桓公和管仲商议如何解决这个问题，桓公想压低、限制富商大贾（音古，即

商人）的收益而让利于农民，问管仲有什么办法。管仲说："请重粟之价釜三百。"就是提高粮食价格，每釜（当时齐国的计量单位）三百钱。他说这样一来，粮食值钱了，农民积极性就大了起来，耕地面积就会扩大。这一政策使农民的收入增加，解决了务农与经营工商业之间经济地位不平等的问题，在保证工商业发展的同时不致给农业造成不良影响。

管仲还实行了粮食"准平"的政策，即"民有余则轻之，故人君敛之以轻；民不足则重之，故人君散之以重，凡轻重敛散之以时，则准平……故大贾富家不得豪夺吾民矣"。(《汉书·食货志》下)这种"准平"制，不但是一种平衡粮价的政策，并且，也间接承认了农民自由买卖粮食的权利及自由私田的合法性，并且还保障了私田农的生产利润。这种经济政策，亦为经济层面的国君集权。

4. 发展"国际"贸易，收天下之财。国内农工商各业都得到发展，管仲并不满足，他还通过对外贸易来收聚天下财富，用经济手段控制别国。齐国资源丰富，尤其出产的盐铁是别国没有的。他组织生产大量的盐，囤积起来，等到盐价上涨的时候，卖到梁国、赵国、宋国、卫国去，赚得大量黄金。他见滕国、鲁国的粮食便宜，每釜才价值百钱，便抬高齐国的粮价，每釜千钱，于是滕国、鲁国的粮食便大量流入齐国。然后，在别国缺粮时，再以高价将收购的粮食卖出，又赚回更多的黄金。

他不但通过通商贸易获取财富，还通过通商贸易控制和降服邻国。莱国和莒国生产木材，桓公问管仲有什么办法对付他们，管仲说："你派人铸金币，高价收买他们的木材"。莱国国君听说了，非常高兴，对左右说："金币是人人都看重的，木材是我国独有的特产，用我国的特产全部换取齐国的金币，就可以吞并齐国了。"于是把农田都改种树木。而管仲则派人专门负责管理农事。两年之后，齐国不再收买莱、莒的木材，莱、莒的米价涨到三百七十钱，而齐国米价仅十

钱。于是，莱、莒的百姓纷纷降服齐国。二十八个月之后，莱国和莒国就被齐国吞并了。

5. 强调社会分工，培养专业化人才。为使农工商各业都能稳定发展，管仲把社会成员按职业划分成士、农、工、商四类，并规定住在各自的居住区，“勿使杂处”，要求给不同的职业创造方便条件。同时，规定“工之子恒为工”，“农之子恒为农”，从小就在专业化环境里进行专业学习，既有利于收到显著的学习效果，早出人才，又可以避免见异思迁，保持专业思想的稳定。这对于各项事业的进步是有一定积极作用的。

管仲一系列富有成效的经济改革收到了“通货积财，富国强兵”的效果，齐国一跃而成为春秋时的经济大国。

四、攘除戎狄救贫弱

（一）击败山戎救燕国

管仲在齐国为相，桓公对他言听计从，十分优待。经过几年的努力，改革深入开展并取得了十分显著的效果，齐国出现了民足国富、社会安定的繁荣局面。齐桓公对管仲说："现在咱们国富民强，可以会盟诸侯了吧？"管仲谏阻道："当今诸侯，强于齐者甚众，南有荆楚，西有秦晋，然而他们自逞其雄，不知尊奉周王，所以不能称霸。周王室虽已衰微，但仍是天下共主。东迁以来，诸侯不去朝拜，不知君父。您要是以尊王攘夷相号召，海内诸侯必然望风归附。"管仲说的"尊王攘夷"，就是尊重周朝王室，承认周天子的共同领袖的地位；"攘夷"，即对游牧于长城外的戎、狄和对侵扰中原诸侯的南方楚国进行抵御。春秋时期，边境的少数民族也发展起来。山戎是中国北方的少数民族，屡次南犯，成为中原各国的严重威胁。周惠王十四年（公元前 664 年），山戎趁机统兵万骑，攻打燕国，想阻止燕国通齐，燕国君主亲率两万将士出战，却在一个叫鬼泣谷的地方中了山戎部落令支国首领密卢的埋伏，只逃出千余人。接着，山戎连拔三城，燕国急派使者向齐国求援。齐桓公为了集中力量对付南方楚国，本来不想支援燕国。但管仲认为，当时为患一方的，南有楚国，北有山戎，西有狄，都是中原诸国的祸患。国君要想征伐楚国，必须先进攻山戎，北方安定，才能专心去征伐南方。如今燕国被侵犯，又求救于我国，举兵率先伐夷，必能得到各国的拥戴。齐桓公深以为然，遂举兵救燕。

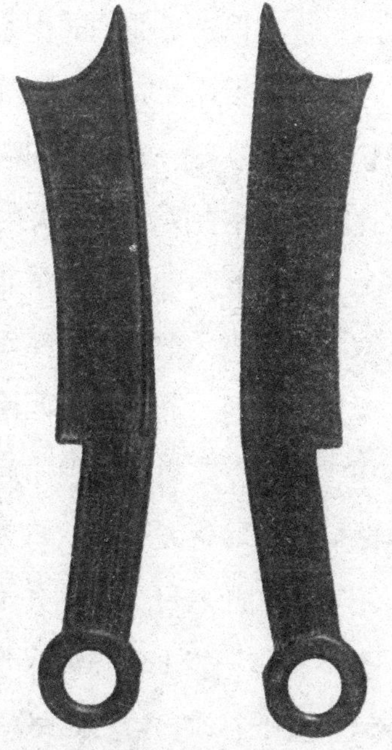

于是，齐桓公统率五万大军开向燕国。山戎闻齐师大队人马将至，掳掠大

量财物解围而去。齐军与燕军合兵一处，与此同时，无终国的国君也派遣大将虎儿斑率两千士兵助战，三路大军北出蓟门关追击，杀得山戎兵落荒而逃。出乎意料的是，管仲派出的先锋部队在山林中遭到山戎的伏击，幸亏后续部队及时赶到将山戎军杀散，才避免受到更大损失。管仲根据实际情况，及时改变策略，在伏龙山上下安营扎寨，用战车连接成车城，士卒居于车城之中，山戎轮番进攻，仍无法突破。

山戎攻坚不力，就故技重演，他们在齐军营寨前留下部分军队，这些士卒下马卧地，口中谩骂，进行挑战，目的是挑动齐军出战，引至山林，便伏兵攻击。管仲识破了他们的用心，将计就计，兵分三路出击，中路迎击阵前敌兵，左右两路相互接应，专门对付伏兵。山戎兵见齐军中路杀来，以为中计，故意起马而逃。齐军却不追，鸣金归营。山戎原来部署被打乱，伏兵只好出谷追击，这时齐军左右两路夹击伏兵，杀得山戎大败而逃。

山戎败归令支，齐军兼程而进，追击山戎。山戎兵退居黄台山，用木石堵塞谷口，重兵把守，又在谷外挖掘坑堑，使齐军无法通过。管仲询问燕将，有无别径可通，燕将说向西南绕黄台山而行，由芝麻岭抄出青山口，再向东行数里，就是令支巢穴。但山高路险，车马不便行动。管仲令燕将带路，引一支军队向芝麻岭进发，以六日为期。一面派将每日往黄台山挑战，吸引戎兵，使之不疑，如此六日，戎兵并不接战。管仲计算时日，西路军应已达目的地，就命士卒各背一袋土，先派人驾驶空车在前面探路，遇见坑堑，用土袋填满。随后大军直抵谷口，恰巧西路军队也杀到，两路夹击，击溃了这支山戎军队。

管仲等率领军队乘胜追击，攻击另一支山戎军队。被管仲封为先锋的无终国将军虎儿斑，一连收复了燕国失去的那三座城。杀到一个叫里岗的地方时，却不敢前进了。他对齐桓公和管仲说："前面是鬼泣谷。如果山戎布下埋伏，我们就是插翅也休想过去。燕国两万大军就是葬身在那里的！"管仲在路上早就

想出了过鬼泣谷的计谋，他对虎儿斑说：“将军既然有所顾虑，那你就跟在大军的最后吧。”管仲说着，拿出令牌：“王子成父、赵川二将！你俩去前军按令牌所指行事，作好准备，明日清晨过鬼泣谷！”

王子成父和赵川接令牌驾车而去。

第二天天刚亮，一辆辆战车向鬼泣谷驶去。只见马的嘴是被网笼住的；战车的轮子上绑有麻皮，发出的声音很小；战车上站着的将士则披甲握戈，显得格外高大；齐国的战旗在谷风的吹动下发出“哗啦哗啦”的响声。

这时，山戎令支国首领密卢举着“令”字小黄旗，出现在鬼泣谷的山头上，见齐军进入了他的伏击圈，就一挥小黄旗，喊声：“打！”猛然间，箭、石、木齐下，有的击中齐军将士，有的把战车砸得稀巴烂，有的把“齐”字大旗打断了。

密卢挥动狼牙棒，率兵从山上冲将下来。密卢冲到一个身中数箭仍立于战车上岿然不动的齐将前，举起狼牙棒对准齐将的头部狠击一棒。“咚”的一声把齐将的头盔打掉了。定睛一看，原来被打掉头盔的竟是披着衣甲的树桩。密卢知道中计，大惊失色。

此刻，鼓声大作。密卢闻声回头，只见齐国骁将王子成父和赵川率兵直扑过来。密卢大喝一声，挥舞着狼牙棒迎上去。他见远处有一个身材高大的人站在战车上，在观看两军作战，断定是齐国相国管仲，就径直朝那人扑去。所扑之处，齐兵无人抵挡得住。片刻，密卢已杀到管仲面前。说时迟，那时快，战车后数十枚箭齐发。密卢惨叫倒地。他手下一员大将冲进重围，把负伤的密卢抢了回去，往山戎的另一部落孤竹国(今河北西北部)逃去。

齐军一鼓作气，兵围孤竹国，孤竹国派人诈降齐军，献上山戎首领首级，谎称孤竹国国君已弃国逃往沙漠。齐桓公以降将为前部，率军

追赶。孤竹国元帅请先行探路，结果将齐军诱入荒漠，自己则乘人不备偷偷溜走了。此时天色已晚，放眼望去只见茫茫一片平沙，狂风卷地，寒气逼人，齐军前后队失去了联系。齐桓公有些不知所措，忙向管仲求教解危之计。管仲沉吟片刻，遂让随行兵士敲锣打鼓，使各队闻声来集，屯扎一处，挨至天明。谁知，天虽已亮，沙漠中却炎热异常，又无饮水，一望无际的沙漠难辨方向，全军将士焦急万分。管仲见状，忙向齐桓公建议道："臣听说老马识途，燕马多从漠北而来，也许熟悉此地，大王不妨令人挑选数匹老马放行，或许可以寻见出路。"齐桓公依其言，命人取数匹老马，放之先行，军队紧随其后，果然走出险地。

孤竹国国君见齐燕大军被诱入沙漠，便举兵攻进无棣城，赶走了守城的燕兵，躲避在山谷中的百姓也随着回城。管仲见此情形，灵机一动，计上心来。他命令将士数人扮作百姓混入城中，半夜举火为应。然后，又分三路攻打无棣城的东南西三门，只留下北门让敌军逃跑，教王子成父和隰朋率一队兵马埋伏在北门之外。当天夜里，忽见城中四五处火起，齐军内应砍开城门，放大军兵马入城。孤竹国国君见势不妙，率众夺路而逃，直奔北门。谁知一行人刚刚冲出北门，路旁突然伏兵四起，截住了孤竹国君臣等数人。两军厮杀，孤竹国国君死于乱军之中。齐桓公灭了令支、孤竹，辟地五百里，悉数赔给了燕庄公。诸侯莫不畏齐之威，感齐之德。在远征山戎的过程中，尽管山戎诡计多端，管仲则能以其人之道还治其人之身，总是比山戎技高一筹，取得了全面的胜利。

齐桓公赶跑山戎之后，让燕庄公恢复召公（燕国的始祖，周文王之子）时的政治，并向周王室纳贡，尽臣子的礼节。燕庄公对齐桓公很是感激，亲自送齐桓公出国境。两人一路交谈，不知不觉竟出了燕国的边境，到了齐国境内。齐桓公知道后，就问熟知礼节的管仲："诸侯相送，可以出国境吗？"管仲回答："不是天子，就不能送出国境。"桓公说："这恐怕是燕君害怕我，所以明

知送出了国境是失礼，也不肯告诉我，我不能让燕君失礼。”于是把燕君送到的地方都割给燕国。中原诸侯听说此事后，都对齐桓公的仁义非常敬佩，甘愿归附于齐国。

（二）一个也不能抛弃

在救燕时，鲁国也表示出兵支援，但实际上鲁国按兵未动。对此齐桓公很气愤，想出兵惩罚鲁国。管仲不同意这样做，他劝说齐桓公：“鲁国是齐国的近邻，不能为了一点小事就出兵，影响不好。为了齐国的声誉，我们可主动改善两国关系。这次救燕胜利，得到一些中原没有的战利品，不如送给鲁国一些，陈列在周公庙里。”齐桓公听了觉得很有道理，就赞成了这个意见。这样做对鲁国上下震动很大，其他各国反映也很好。

周平王东迁后，北狄肆意纵横，闻齐国把山戎打败，恐齐国生轻视之心，将要伐狄，于是北狄先发制人，于公元前 661 年，领兵包围邢国（今河北邢台）。作为已经强大起来的齐国，作为有称霸诸侯愿望的齐桓公当然不能置之不理。管仲也很关心这个问题，他向齐桓公说：“戎狄性情十分残暴，贪得无厌。诸夏各国都是亲戚，彼此关心，一国有难，大家都应该伸出手来互相帮助，不能袖手旁观。满足现状是危险的，出兵救邢才是上策。”齐桓公很欣赏管仲的想法，采纳管仲“请救邢”的建议，派兵救邢国，打退了毁邢都城的狄兵，邢国很快得救。

不久，狄人大举出兵攻击卫国，卫懿公被杀，卫国灭亡。狄人又追赶卫国百姓到黄河沿岸。宋国出兵救出卫国百姓七百三十人。加上共、滕两邑的居民一共五千人，就在曹邑(今河南滑县)立卫戴公为国君。刚刚恢复的卫国，处境十分困难，齐桓公、管仲派了公子无亏带着五百乘车马和三千名甲士来武装卫国，戍守曹邑。又给卫君带来乘马祭服，还给卫

君夫人带来车乘和锦帛，此外还有牛羊猪狗鸡等三百余只。齐桓公率诸侯国替卫国在楚丘另建新都，又帮助修建宫殿。

晋献公十八年(公元前659年)，邢国还未恢复元气，狄人又来第二次洗劫。狄人攻邢，形势十分严重。管仲献策说："狄兵刚刚开战，邢国力量未竭。此时与北狄交战，事倍功半。不如等待时机，邢国势不能支，必然溃败，狄兵虽胜邢国，必然疲敝。驱赶疲劳之师援助溃败的邢国，此所谓力省而功多啊！"桓公用其谋，托言等候鲁、郏兵到，屯兵聂地，观望狄邢攻守。两月有余，邢国军队溃围而出，投奔齐营，齐桓公拔寨起兵，并和管仲商议联合宋、曹救邢，狄兵抵抗不住，望北飞驰而去。当齐、宋、曹军队到达时，邢国百姓如见亲人，纷纷投奔，狄人被打退。邢国又被狄人洗劫一空，于是齐桓公和管仲同宋、曹两国，帮助邢国把都城迁到夷仪(今聊城西南)，这里靠近齐国，较为安全，使破乱的邢国得到安定。

邢、卫两国都遭狄人洗劫，在齐桓公、管仲的主持下，得以复国。当时人们都赞赏地说：邢国人迁进新都城，好像回到了老家；恢复后的卫国，人们心情高兴，也忘记了亡国的悲痛。

五、尊崇周室会诸侯

（一）尊王攘夷的旗帜

齐桓公执政以来，在管仲的辅佐下，经过了内政、经济、军事等多方面改革，齐国出现了民足国富、社会安定的繁荣局面，有了雄厚的物质基础和军事实力。管仲倡导并践行“尊王攘夷”，就是尊重周朝王室，承认周天子的共同领袖的地位；联合各诸侯国，共同抵御戎、狄等部族对中原的侵扰。攘夷于外，必须尊王，尊王成为当时一面正义旗帜。齐桓公适时打出了“尊王攘夷”的旗帜，以诸侯长的身份，挟天子以讨伐不服从的诸侯国。

管仲建议齐桓公遣使朝周，请天子旨意，大会诸侯，奉天子以会诸侯，内尊王室，外攘四夷。对于诸侯各国，扶持衰弱小国，压制强横之国，混乱不听从号令者，统率诸侯讨伐之。海内诸侯，都知道齐国的无私，必共同朝于齐国。这样不动兵车，霸业就可成就了。

公元前684年，齐桓公以周王之命布告诸国，约定三月一日，共会于北杏（今山东东阿县境）。管仲献策：“此番赴会，君奉王命，以临诸侯，根本不用兵车。”到期，宋、陈、邾、蔡四国国君到会，见齐国未用兵车，相顾叹道：“齐桓公诚挚待人以至于此！”各自将本国兵车退驻二十里之外。五国诸侯相见礼毕，订立盟约，济弱扶倾，以匡周王室，推齐侯为盟主。

管仲提出：“鲁、卫、郑、曹，故意违背王命，不来赴会，不可不讨。请诸君共同出兵。”陈、蔡、邾三君齐声答应，独宋桓公不语，夜里率众而去。齐桓公大怒，欲使人追之。管仲劝阻道：“只是齐国派兵马追赶不合道理，应该请天子王师共同伐之。而且现在有更迫切的事要办。宋远鲁近，如先征服鲁国，

宋国自然服从。”

齐桓公依计亲率王师伐鲁。管仲献计道：“鲁国的附庸遂国，国小而弱，若用重兵攻打，一朝可下。鲁国听说必然害怕，我们派一介之使至鲁，责备鲁君不来赴会。同时和鲁夫人通信，鲁夫人（文姜是齐桓公之姊）自然想使儿子与娘家关系亲密，定会极力怂恿。鲁侯迫于母亲的命令，又惧怕来自国外的兵力威胁，一定会乞求会盟。等他前来求和，我们就答应他。”齐桓公发兵至遂国，一鼓而下，然后驻兵济水，鲁庄公畏惧，鲁夫人令其子约请会盟，鲁庄公只好向齐国修和请盟。齐桓公以汶水为界，把侵占的土地归还鲁国。诸侯听说两国会盟之事，都称赞桓公的信义。卫、曹两国也谢罪请盟。接着，齐桓公又兵临宋国，派宁戚说服宋君会盟。后来郑国内乱，齐桓公协助郑伯突复国，郑伯突感激齐侯之德，也朝拜于齐国。至此，齐桓公威望布于天下，德名远播诸侯之中。

（二）齐鲁两国的恩怨

其实，齐国和鲁国的恩怨由来已久了。齐桓公二年(公元前684年)，齐桓公借报收纳公子纠之仇，出兵伐鲁。当时鲁国刚被齐国打败不久，元气尚未恢复，齐兵压境，举国上下一片恐慌。恰巧鲁国曹刿出来为鲁庄公出谋献计，在长勺(今山东莱芜东北)把齐国打败。

鲁国胜利后又去侵犯宋国。齐国为了报复长勺之败，又勾结宋国来攻打鲁国。由于鲁庄公采纳大夫公子偃的建议，在乘丘(今山东巨野西南)打败宋军。宋军一败，齐军自然也就撤走。次年，宋国为了昭雪乘丘之耻，又兴兵攻鲁，鲁庄公发兵抵抗，趁宋兵还没站住阵脚就发动猛攻，结果宋国被打得惨败。宋国连吃败仗，国内又发生内乱。大夫南宫长万杀了新立的郑闵公，不久宋贵族又杀了南宫父子。宋国的内乱，鲁国的战败，使他们的力量大为削弱。

谭国(今山东济南东)是齐国西邻的小国。齐桓公出奔时曾经过这里，当时谭国君对齐桓公很不礼貌，齐桓公继位，谭国也没派遣使臣祝贺。按照春秋的礼法，像谭国这样失礼，遭到谴责是自然的。齐桓公对此极为不满，因此管仲建议出兵问罪。谭国本来很小，力量十分微弱，怎能经受齐国大兵的进攻，结果很快就被齐国消灭。齐国没费力气消灭了谭国，扩大了国土。

不久，齐国与鲁国和好，在柯(今山东东阿西南)会盟。这次会盟很隆重，会场布置庄严。修筑高坛，两边大旗招展，甲兵和侍卫列在左右，十分威武。齐桓公和管仲正襟危坐在坛上。就在这次会盟中，发生了著名的曹沫劫盟事件。会盟规定，只许鲁君一人登坛，其余随员在坛下等候。当鲁庄公与卫士曹沫来到会场，将要升阶入坛时，会盟的宾相告诉他，不准曹沫升坛。曹沫戴着头盔披着坚甲，手提短剑紧跟鲁庄公身后，对着宾相瞪大圆眼，怒目而视，眼角几乎都要瞪裂了，吓得宾相后退几步，鲁庄公与曹沫就顺着台阶登坛。鲁庄公与齐桓公经过谈判，然后准备歃血为盟，正在这时，曹沫突然拔剑而起，左手抓住齐桓公的衣袖，右手持短剑直逼齐桓公。顿时齐桓公左右被吓得目瞪口呆。此时管仲沉着勇敢，急忙插进齐桓公与曹沫中间，用身体保护住齐桓公，然后问："将军要干什么?"曹沫正声说道："齐强鲁弱，大国侵略鲁国，欺人太甚。现在鲁国城破墙毁，几乎快要压到齐国。请考虑怎么办?"齐桓公见形势不妙，马上答应归还占领的鲁国土地。盟约草创完成，双方签订完毕，曹沫收剑徐步回位，平息如初，谈笑如故。会盟结束，鲁国君臣胜利回国。齐桓公君臣却闷闷不乐，许多人都想毁约，齐桓公也有这种想法。管仲不同意毁约，劝说齐桓公："毁约不行，贪图眼前小利，求得一时痛快，后果是失信于诸侯，失信于天下。权衡利害，不如守约，归还占领的鲁国国土为好。"管仲认为，懂得给予是为了有所获

取，这是治理政事的法宝。

（三）抓住时机会诸侯

齐桓公听取了管仲的意见。不久宋国叛齐，次年齐桓公邀请陈、曹出兵伐宋，又向周王室请求派兵伐宋。周王室派大臣单伯带领王师，与三国军队共同伐宋，结果宋国屈服了。

这时，鲁、宋、陈、蔡、卫都先后屈服齐国，谭、遂两国早已消灭，只有郑国还在内乱。管仲因此建议齐桓公出面调解郑国内乱，以此来提高齐国的地位，加速实现做霸主的目的。郑国自厉公回国杀了子仪，又杀了恩人甫瑕，逼死大夫原繁，登位称君后，为巩固君位，就要联合齐国。

管仲抓住这一时机，建议齐桓公联合宋、卫、郑三国，又邀请周王室参加，于齐桓公六年(公元前 680 年)在鄄(今山东鄄城)会盟。这次会盟很成功，取得圆满成果。从此齐桓公成为公认的霸主。

齐桓公听从管仲之议，第二年，即公元前 679 年春天，大会宋、鲁、陈、卫、郑、许诸国于鄄地(今山东鄄城)，歃血为盟，始定盟主之号，天下莫不归心于齐。周天子赐齐侯为方伯，之后齐桓公与诸侯又两次在幽地结盟，进一步扩大和巩固了他的霸业。

晋献公十年(公元前 667 年)冬，齐桓公见郑国已屈服于齐国，就召集鲁、宋、陈、卫、郑、许、滑、滕等国君，又在宋国的幽会盟。周惠王也派召伯参

加。这是一次空前盛会，几乎全部中原国家都参加了这次会盟。在这次盟会上，周天子的代表召伯又以天子的名义，向齐桓公授予方伯的头衔，修姜太公之职，得以专事征伐。这标志着齐桓公在事实上已成为诸侯之长，开始登上了霸主地位，从此齐桓公便成了名副其实的霸主。晋献公十五年(公元前 662 年)鲁国发生内乱，鲁庄公死后，鲁闵公即位，不久被庆父杀死，鲁僖公即位，庆父畏罪自杀。僖公为了巩固君位，与齐国会盟于落姑，从此鲁国也安定下来。至此，齐桓公威望布于天下，德名远播诸侯。进一步扩大和巩固了他的霸业。

公元前 693 年，齐国吞并了纪国。然而由于种种原因，直到公元前 664 年，纪国的附庸鄣国依然独立存在。齐桓公企图兼并鄣国，向管仲询问并鄣之策。管仲考虑到，齐桓公新得诸侯，霸权初建，为了巩固霸主地位，进一步赢得人心，不宜“以兵威得志”，而应积“存亡兴灭之德”。于是回答说：“鄣虽小国，其先乃太公之支孙，为齐同姓。灭同姓，非义也。君可命王子成父率大军巡视纪域，示以欲伐之状。鄣必畏而来降。如此无灭亲之名，而有得地之实矣!”齐桓公依计派大军压向纪域，大有吞掉鄣国之势，威慑对方，鄣君果然畏惧求降，使齐国不战而达到预期目的。齐桓公眼见一举成功，十分满意，称赞管仲说：“仲父之谋，万不失一。”

齐桓公实行的“尊王攘夷”政策，使其霸业更加合法合理，同时也保护了中原经济和文化的发展，为中华文明的存续做出了巨大贡献。

六、霸名扬齐楚过招

（一）南方楚国的威胁

对中原诸国构成严重威胁的，还有一个被中原诸国以夷狄视之，其文化却与中原诸国非常接近，甚至超过某些中原国家的南方大国楚国。公元前 666 年，楚国大将子元亲自率领六百乘战车浩浩荡荡向郑国都城猛扑过去，很快就攻破了郑国的第一道防线。初战得胜，楚军士气高涨，子元的勇气也倍增，于是一鼓作气攻到郭内，正要进攻内城时，子元却令楚军停止进攻。原来，这时郑国的城门不但高高悬挂着，而且从里面出来的郑兵都说着楚语。楚国的将领勇于攻坚，却在这高高悬起来的城门、优哉游哉说着楚语的郑兵面前犹豫起来，竟不知如何是好。正当满腹狐疑的子元犹豫不决之时，楚国的探子报告说以齐国为首的齐、宋、鲁联军已经火速赶来。有勇无谋的子元只得下令楚军立即撤退，但又怕郑国乘机追杀，所以把撤退的时间定在了夜晚。楚国这次的伐郑就这样虎头蛇尾结束了。

实际上，郑国在楚军的猛攻之下早已支撑不住了，才想出了这种迷惑敌人的鬼把戏。楚国这次攻打郑国虽然没有得到任何便宜，其显露出来的实力却令以齐国为首的中原诸侯国大为震惊。北方戎狄虽然屡犯中原，而且其所到之处烧杀抢掠，破坏性很大，然而戎狄的南侵不但没有给齐桓公的霸业构成任何威胁，反而促使中原诸国团结到齐国“攘夷”的旗帜之下。但是，楚国北上就不同了。楚国每攻伐一国，要么灭之以为县邑，要么使其臣服于楚，因而楚国像滚雪球似的越滚越大。楚国的胃口绝对不同于抢点东西就逃的北方夷狄，它是要与齐国争夺中原的控制权，换句话说，它要与齐国争当中原的霸主。因此，

虽然楚人并不乱烧滥杀，对齐国的霸业却构成了严重的威胁。

就实力而言，楚国比齐国也弱不了多少；就发展空间而言，已濒临东海的齐国绝对比不上有东南广袤富饶之地的楚国；就其文化而言，楚国虽然为“蛮夷”，但其文化并不低于中原诸国。因此，齐国要想保住自己的霸主地位，除了大力发展经济，加强军备，扩充实力之外，就是要利用中原诸国把楚国视为“蛮夷”而不予认同的心理，并通过“攘夷”政策的强化，使中原诸国牢牢地团结在自己周围。

但是，当管仲协助齐桓公做了这些工作后，齐国仍然不能对楚国的一举一动无动于衷。所以在楚伐郑之后，已明显感觉到楚国强大压力的齐桓公在伐山戎回齐的第二年就召集诸侯开会，商讨怎样对付楚人的北上。

楚国在公元前666年秋伐郑受挫后，就致力于巩固后方，没有再北上征郑。但是，争取郑国的归附是楚国北上与中原诸国争霸的重要步骤，因此，楚国绝不会轻易就此罢手。楚成王亲政后，首先想到的就是北上伐郑。公元前659年，楚国仍然以郑国背楚即齐为借口兴兵伐郑。齐国当然不能坐视郑国被楚国攻击，于是齐桓公立即召集鲁僖公、宋桓公、郑文公、曹昭公在宋国会盟，商量救郑之事。楚国见无机可乘，只好退了回去。

第二年冬，楚国再次北上伐郑，活捉了郑国的大夫聃伯，也不算是无功而返。针对楚国的连续侵扰，齐桓公又召集宋国等国之君在齐国的阳谷（今山东东北须昌镇西北）会盟，准备对楚国进行反击。事后，齐国还让没有参加会盟的鲁国国君派人到齐国补签了盟约。

殊不知，中原诸国的军队还没有派出，楚国的伐郑之师再度北上了。在楚国的连年侵犯之下，郑国感到承受不住了，郑文公打算与楚国修好。郑国的大夫孔叔认为齐国正为郑国的事而奔波，

如果在这时背叛齐国是不吉祥的，郑文公这才放弃了与楚国修好的打算。楚国的军事征伐仍然没有使郑国就范，反而劳师伤财，又退了回去。

到此为止，齐、楚两国虽然在郑国问题上斗得非常激烈，但一直没有正面接触。如果不能在战场上分个高下，谁也不会轻易罢手，战争的危机迫在眉睫。

（二）齐率领八国伐楚

正在此时，诱发齐、楚正面交战的一根导火线点燃了。

齐桓公有一个妻子蔡姬，就是蔡穆侯的妹妹。有一天齐桓公与蔡姬在园囿中划船游玩，蔡姬是在淮河流域长大的，经常与水和船打交道，而桓公却有点惧水。蔡姬年轻好玩，在划船时故意把船摇来晃去，齐桓公感到害怕，让她停下来，但蔡姬见齐桓公一脸狼狈相，更觉好玩，反而把船荡得更凶了。齐桓公多次命令她停住，蔡姬仍不加理会，齐桓公一怒之下，就把蔡姬赶回了蔡国。

齐桓公虽然把蔡姬赶回娘家，却没有休她的意思。蔡穆侯误以为齐桓公把他的妹妹休了，恼怒异常。为了对齐桓公“休”蔡姬一事进行报复，蔡穆侯又把蔡姬嫁给了楚成王，这意味着蔡国又重新投到了楚国的怀抱。

齐桓公见蔡穆侯竟敢把蔡姬嫁给中原各诸侯国的死对头楚国，怒不可遏，立即要对楚国用兵。管仲知道怎么劝说也没有用，但若对蔡国用兵，别国必然会认为齐桓公为一己之私欲而讨伐同盟之国，自己好不容易为齐桓公树立起来的仁义形象马上就会垮掉，从而导致中原诸国在信念上的危机，搞不好，又会回到以前那种一盘散沙的局面，这就大大帮了楚国的忙了。经过一番认真的分析，管仲反复权衡利弊得失，最后他决定把齐桓公报复蔡国的军事行动变成一次与楚国正面较量的战争。管仲向来是反对以武力解决问题的，但事已至此，不得不冒这个险了。

公元前656年正月，齐桓公和管仲约鲁、宋、陈、卫、郑、许、曹等国组成联军南下，讨伐蔡国。将士竖貂接受蔡国国君的贿赂，私自将军事机密泄露给蔡君，蔡君大吃一惊，向楚国逃去，并向楚成王详细阐述了管仲的计谋。楚成王立即传令检阅兵车，准备迎战。与此同时，又急忙撤回深入郑国的兵力。此时，齐桓公已经带兵到达了上蔡，其他七国的诸侯也陆续赶到了。八个诸侯国的精锐尖兵，浩浩荡荡望南而进，直达楚国边界。

楚成王派大夫屈完恭候界上，管仲料定有人泄露了消息。对方既然派遣来使，管仲临机而决，于是放弃了原来的计划，决定和楚国使者谈判。屈完见到管仲便开门见山地问道："齐国和楚国各自治理本国的内政，你们住在北海，我们住在南海，相隔千里，简直风马牛不相及，任何事情都应该不相干涉。这次你们到我们这里来，不知是为了什么?"管仲在齐桓公身旁，听了之后义正词严地回答道："从前召康公奉了周王的命令，曾对我们的祖先姜太公说过，无论是五等侯还是九级伯，如果有任何不守法的情况存在，你们都可以去征讨。向东到大海，往西到大河，向南到穆陵，往北到无棣，都在你们征讨范围内。自从周王室东迁，各国诸侯越加放肆，对周天子越来越不恭敬了，现在我们国君桓公被封为方伯，是名副其实的盟主，于情于理都应该修复先业。楚国地处南荆，应当每年向周王室进贡包茅，以帮助天子完成祭祀。而现在，你们却不

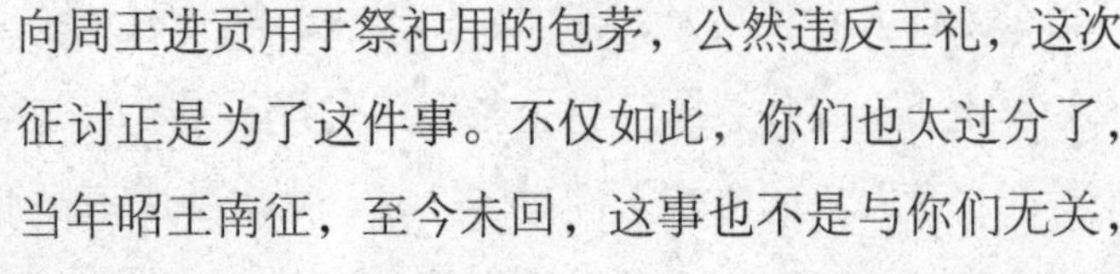

向周王进贡用于祭祀用的包茅，公然违反王礼，这次征讨正是为了这件事。不仅如此，你们也太过分了，当年昭王南征，至今未回，这事也不是与你们无关，你们无论如何也没办法推卸责任。我们现在兴师来到这里，正是为了问罪你们。”管仲的回答真是冠冕堂皇，似乎齐国真的是在替周王室兴师问罪，好像齐国真是在履行“挟辅王室”的职责。管仲的话还隐藏着更深刻的含义：假如楚国不承认其“包茅不贡”是有错的，那表明它并不承认周王室的权威，这就等于楚国不承认其是周王朝大家庭的一员，不与中原的华夏族同类，只是南方的“蛮夷”之国。如果这样，楚国就是中原诸国同仇敌忾所要“攘”的“夷”。这显然是想要争霸中原的楚国所不能接受的。而如果楚国承认其“包茅不贡”是有错的，也就等于承认自己是周王朝大家庭的一员，而且是有罪的一员。由于齐国有替王室征讨有罪的五等诸侯、九州之长的权力，这就等于承认齐国向楚国兴师问罪是应该的。而且齐国是可以代周天子行使征伐之权的霸主，楚国既然是周王朝大家族的一员，也就应该承认齐国的“霸主”地位。

屈完也许没有想到那么多，但他受命而来，有一点是非常清楚的，那就是尽量避免与诸侯联军开战。然而，要楚国承担“周昭王南征而不复”的罪行也是不行的。所以他权衡一番，只能避重就轻，暂时解决眼前的危机再说。他对管仲说：“周王室已经衰微很久了，朝纲混乱，而各家诸侯越来越强大，朝贡废缺，天下都是这样，岂止是楚国？”接着他话锋一转，继续说道：“虽然如此，多年没有进贡包茅，确实是我们的过错。至于昭王南征未回发生在汉水，你们还是去汉水边打听好了。就算是发生在我们的国家内，也不是我们的过错造成的，而是由于他所乘的舟不牢固的缘故，我们国君不敢随便引咎请罪。这些我会回复给我们国君的。”说完回车而退。

管仲见楚使屈完的态度不软不硬，仅靠谈判还不能解决问题，要使其屈服还必须依靠相应的军事手段，于是就命令八国大军直至陉山(今河南郾城南)，在陉山驻扎下来。诸侯都不明白管仲的深意，急忙赶来问："我们的大军已经长途跋涉来到楚国边境，为什么不渡过汉水和他决一死战而逗留在这呢?"管仲说："楚国既然已经派遣使臣来我们这谈判，必然是有所准备了，兵锋一交，胜负难以预料。如今我们驻扎在此，遥观其势，楚国惧怕我们人多势众，定会遣使求和。此次征战，我们以讨蔡之名而出，以降服楚国而归，达到了我们的目的，这次征伐难道还不可以结束吗?"诸侯都不能相信，议论纷纷。

(三) 南北两军的相持

南北两军相持，从春季到夏季，已经半年。楚国大臣对楚成王说："管仲通晓军事，没有万全之策决不会发兵。现在他率领八国之军，陈兵在我们的疆界，逗留不进，其中一定有什么谋划。我们不可轻举妄动，不如派遣使者再次前往，和他休战讲和。"于是楚国又派屈完和齐桓公、管仲谈判。屈完到达齐国军营，面见齐桓公，说明来意，"我们国君已经知道了不贡之罪。您若肯退避一舍，我们国君怎敢不唯命是从呢?"齐桓公和管仲本就无意打仗，只是想通过这次军事行动来显示霸主的威风，吓唬楚国罢了。齐桓公答应讲和，很快就达成了协议，将军队后撤三十里到召陵(今河南偃县)。楚王命屈完用八车金帛犒劳八路诸侯的军队，表示求和的诚意。还准备了一车包茅，向周天子进贡。

当时齐国的兵力有八百乘，号称千乘。宋国和鲁国都是大国，兵力与齐国也在伯仲之间。郑国也是当时的强国之一，兵力比宋、鲁弱不了多少。卫国本来也比较强，但自狄灭卫后，卫国的主要兵力是齐国给予的五百乘战车和五千名甲士。陈、许、曹三国国力较弱，但若以

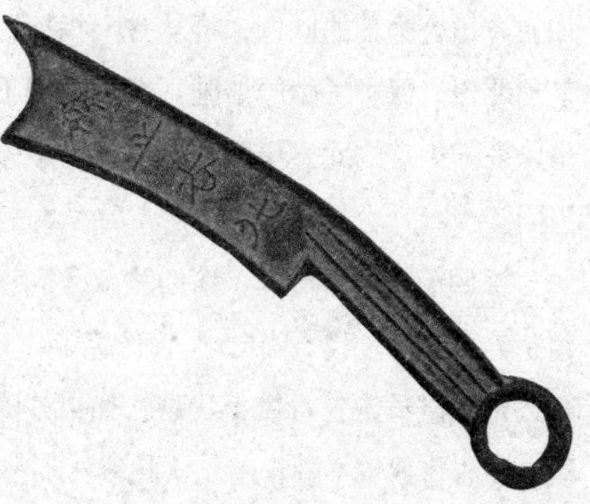

上诸国各出一半兵力，那么伐楚的诸侯联军当在一千五百乘以上。即使齐国出一半兵力，而其他诸国各以三分之一兵力出征，那么诸侯联军合计也有一千多乘。楚国的兵力大约与齐国相当，即使全部出动，也远远少于诸侯联军。

因此，当屈完来到诸侯联军中谈判时，齐桓公把诸侯的伐楚大军陈列起来，然后请屈完同乘一辆车去“检阅”这支庞大的队伍，想以此来威吓楚人。齐桓公在车上对屈完说：“诸侯归服，并非附我，而是看在先君的面上。你们也与我友好吧，怎么样?”屈完回答说：“承蒙您的恩惠及于敝邑之社稷，宽容地接纳敝国之君，这正是我们的愿望。”齐桓公得意地指着诸侯的军队对屈完说：“指挥这样的军队去打仗，什么样的敌人能抵抗得了呢？指挥这样的军队去夹攻城寨，有什么样的城寨攻克不下呢?”屈完很沉静地回答：“国君，你若用德来安抚天下诸侯，谁敢不服从呢？如果只凭武力，那么我们楚国可以把方城山当城，把汉水当池，城这么高，池这么深，你的兵再多，恐怕也无济于事。”回答得委婉有力。屈完的一席话让齐桓公和管仲都不禁从心底为之赞叹。

齐桓公知道不能以武力迫使楚国屈服，就同意与楚国结盟，楚国也表示愿加入齐桓公为首的联盟，听从齐国指挥，这就是召陵之盟。伐楚之役，抑制了楚国北侵，保护了中原诸国。召陵之盟不能看成是齐国压服了楚国，而应看成是以齐国为首的北方集团（也可称为中原华夏集团）压服了以楚国为首的南方集团。

管仲于是下令班师，途中鲍叔牙问管仲：“楚军之罪，僭号为大。你却以包茅为辞问罪，我不明白。”管仲笑了，“楚国僭号已三世之久，倘若责备其僭越，楚国岂肯俯首听命于我啊？如果楚国不服，势必交兵，一旦开战，彼此报复，后患将数年不解，南北从此争斗不宁了。”

这次战争之初，八国军队如潮水般地向蔡国涌去，楚王起初并没有觉察出管仲的用意，说明管仲提出的“以讨蔡之名，行伐楚之实”的方略确实达到了蒙蔽楚国的目的。而消息泄露后，管仲根据不同的情况，灵活地变换策略，终于达到了讨楚的目的。这样南北军事对峙就体面地结束了，南北出现来之不易的和平局面。

（四）齐楚对郑的争夺

然而，不幸的是，在召陵之盟之后的一年，北方集团就出现了分裂的苗头。

公元前 655 年夏天，齐桓公召集鲁僖公、宋桓公、卫文公、郑文公等，与太子郑在卫国的首止（今河南睢县东南）开会，要诸侯都支持太子郑即位。首止之会巩固了太子郑的地位，周惠王再不敢有易储的念头。周惠王却由此而非常憎恨齐桓公，想组成一个以楚、郑、晋、周为轴心的新阵线来与齐国抗衡。这年秋天，上述各国诸侯在首止结盟，周惠王派王卿周公宰孔怂恿郑文公说：“我支持你背叛齐国投靠楚国，并让晋国也支持你。有楚、晋做后盾，也不怕齐国了。”当时晋国还没有归服齐国，也不甘心听命于人，所以对齐国有所戒惧。而郑国历来就与齐国貌合神离，加之楚国连年对其用兵，虽然齐国每次都出兵援助，但总不能及时赶到。因此郑国难以依靠齐国，还不如与楚修好，免得受其侵扰。郑文公虽然承认齐国的霸主地位，却没有像其他诸侯一样去朝见齐桓公，正怕齐桓公因此而对郑国进行惩罚，所以在周惠王的怂恿之下，就决定背齐靠楚，在举行结盟仪式前逃回郑国。

郑国背齐逃盟，与楚修好，当然为齐所不容。公元前 654 年正月，齐桓公

联络宋桓公、鲁僖公、卫文公等一道出兵伐郑，包围了郑国的新密。

楚国极力争取郑国，而齐国对郑国也抓得很紧，绝不会轻易放手。对郑国的争夺就是齐、楚最直接的较量。郑文公逃盟，齐国率诸侯联军伐郑。但由于楚国以伐许救郑，诸侯救许而归，不但郑国的背叛没有得到惩罚，反而使许国投靠了楚国，齐国组织的这次伐郑实际上是失败了。齐国当然不会甘心，又在第二年（公元前 653 年）春以讨伐申侯为幌子出兵伐郑。这年夏天，郑文公杀掉申侯来向齐国交代。同年秋，齐桓公召集鲁僖公、宋桓公和陈、郑两国的太子在齐国的宁母（今山东金乡东南）为郑国的重新归服举行盟会。在盟会开始前，管仲为齐桓公制定了一个安抚诸侯的原则，他说："以礼对待曾背叛过的诸侯，以德柔怀边远的方国，只要德礼不废替，就没有人不来归服。"齐桓公于是修礼于诸侯。在西周时，各封国诸侯要定期向周王室贡献，所贡之物，主要是封地的地方特产，如楚国贡包茅之类。后来周王室衰微，诸侯也就没有按规定进贡方物。为了"尊王"，齐桓公又以霸主的身份重新规定了各国诸侯应该向王室进贡方物的种类和数量。

在盟会开始前，代表郑文公出席盟会的郑国太子华以郑国归服于齐为条件请齐桓公帮他除掉政敌。齐桓公正准备答应太子华的请求，管仲连忙制止他说："您靠礼和信来使诸侯归服，但到后来又破坏它，这恐怕不行吧？儿子和父亲不相互扰乱叫做礼，遵守诺言叫做信，违背礼与信，没有比这更大的奸诈了。"齐桓公被说服，拒绝了郑太子华的请求。

虽然郑文公没有参加宁母的结盟，但郑文公因为感激齐桓公拒绝太子华分裂郑国的阴谋，便于同年冬天亲自到齐国去与齐桓公结盟。从此郑国才完全归服于齐，齐、楚两国对郑的争夺以齐国的胜利而画上了一个句号。

（五）谦逊有礼成霸主

公元前653年底，周惠王带着对未易王储的深深遗憾和对齐国干涉王室内政的满腔仇恨离开了这个早不由他做主的人世间，把一个支离破碎的烂摊子留给了他的后继者。公元前652年，在齐桓公的支持下太子郑即位，这就是周襄王。周襄王即位后，命宰孔赐齐桓公文武胙（祭祀用的肉）、彤弓矢、大路（古代的一种车），以表彰其功。齐桓公召集各路诸侯大会于葵丘(今河南兰考、民权县境)，举行受赐典礼。受赐典礼上，宰孔请周襄王之命，因齐桓公年老德高，不必下拜受赐。齐桓公想听从王命，管仲从旁进言道："周王虽然谦让，臣子却不可不敬。"齐桓公于是答道："天威不违颜咫尺，小白敢贪王命，而废臣职吗？"说罢，只见齐桓公疾走下阶，再拜稽首，然后登堂受胙。众诸侯见此，皆叹服齐君之有礼。齐桓公又重申盟好，订立了新盟，这就是历史上有名的"葵丘之盟"也是齐桓公霸业的顶峰。

至此，经过近三十年的苦心经营，齐桓公在管仲的辅佐下，先后主持了三次武装会盟，六次和平会盟；还辅助王室一次，史称"九合诸侯，一匡天下"，齐桓公成为公认的霸主。管仲虽然为齐桓公创立霸业立下了不朽的功勋，但他谦虚谨慎。周襄王郑五年(公元前647年)，周襄王的弟弟叔带勾结戎人进攻京城，王室内乱，十分危急。齐桓公派管仲帮助襄王平息内乱。管仲完成得很好，获得周王赞赏。周襄王为了表示尊重霸主的臣下，准备用上卿礼仪设宴为管仲庆功，但管仲没有接受。最后他接受了下卿礼仪的待遇。

七、临终嘱托有远见

（一）齐相病榻的嘱托

周襄王七年(公元前 645 年)，为齐桓公创立霸业呕心沥血的管仲患了重病，齐桓公去探望他，询问说：“您的病相当重了。如果您病情危急，不幸与世长辞，我将把国家托付给谁呢?”管仲回答说：“过去我尽心竭力，尚且不足以了解这样的人。如今病重，危在旦夕，又怎么能谈论这件事呢?”齐桓公说：“这是大事啊，望您能教导我。”管仲恭敬地答应了，说：“您想用谁为相?”齐桓公说：“鲍叔牙行吗?”管仲回答说：“不行。我深知鲍叔牙。鲍叔牙的为人，清白廉正，看待不如自己的人，不屑与之为伍，偶一闻知别人的过失，便终生不忘。”然后他向齐桓公推荐了不耻下问、居家不忘公事的隰朋。管仲说：“我认为给人恩德叫做仁，给人财物叫做良。用做好事来压服人，人们也不会心服；用做好事来熏陶人，人们就不会不心服。治国有有所不管的政务，治家有有所不知的家事，这只有隰朋能做到。而且隰朋的为人，既能记识上世贤人而效法他们，又能不耻下问。自愧其德不如黄帝，又怜惜不如自己的人。在家不忘公事，在公不忘私事；事君没有二心，也不忘其自身。他曾用齐国的钱，救济过五十多户难民，而受惠者却不知是他。称得上大仁的，难道不是隰朋吗？他对于别人的过失无关大节的，就装作没看见。这样的人是能够胜任辅佐国君治理天下的大人。”

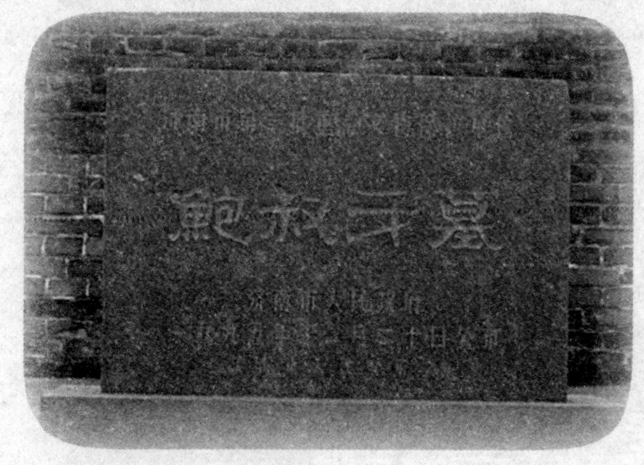

接着，管仲又对齐桓公的几个大臣进行分析说：“宾胥无为人好善，但不

能为国家牺牲其善；宁戚为人能干，但不能适可而止；曹叔宿为人能说，但不能取信后就及时沉默。据我所知，按照消长盈亏的形势，与百姓共屈伸，然后能使国家安宁长久的，还是隰朋。隰朋为人，行动一定估计力量，举事一定考虑能力。”说到这里，管仲深深地叹了口气说：“上天生下隰朋，本是为我作舌的，现在我身子都死了，舌还能独活吗?”

管仲知道齐桓公贪图享受，亲近小人。于是他还特别提醒齐桓公，千万不可任用易牙、竖貂和卫公子开方。齐桓公问：“那为什么啊?”管仲说：“易牙为了满足国君的要求不惜烹了自己的儿子以讨好国君，没有人性，不宜为相。”齐桓公又问：“那开方如何?”管仲答道：“卫公子开方舍弃了做千乘之国太子的机会，屈居齐国侍奉国君十五年，父亲去世都不回去奔丧，如此无情无义，没有父子情谊的人，如何能真心忠于国君？况且千乘之封地是人梦寐以求的，他放弃千乘之封地，俯就于国君，他心中所求的必定过于千乘之封。国君应疏远这种人，更不能任其为相了。”齐桓公又问：“易牙、开方都不行，那么竖貂怎样？他宁愿自残身肢来侍奉寡人，这样的人难道还会对我不忠吗?”管仲摇摇头，说：“不爱惜自己的身体，是违反人情的，这样的人又怎么能真心忠于您呢？请国君务必疏远这三个人，宠信他们，国家必乱。”管仲说罢，见齐桓公面露难色，便向他推荐了为人忠厚、不耻下问、居家不忘公事的隰朋，说隰朋可以帮助国君管理国政。遗憾的是，齐桓公并没有听进管仲的话。

易牙听说齐桓公与管仲的这段对话，便去挑拨鲍叔牙，说管仲阻止齐桓公任命鲍叔牙。鲍叔牙笑道：“管仲荐隰朋，说明他一心为社稷宗庙考虑，不存私心偏爱友人。现在我做司寇，驱逐佞臣，正合我意。如果让我当政，哪里还会有你们容身之处?”易牙讨了个没趣，深觉管仲交友之密，知人之深，于是灰溜溜地走了。

（二）管仲的身后之事

不久管仲病逝。正如管仲所料，在他这个“身子”去世后十个月，隰朋这个“舌”也去世了。齐桓公先是接受了管仲的劝谏，把易牙、竖貂、卫公子开方三个佞臣赶出宫廷，但不久就感到少了这几个人吃也吃不好，玩也玩不好，生活很不愉快，心想“仲父未免对这几个人有成见”，于是又把这三个人召了回来。

齐桓公不听管仲病榻前的忠言，重用了易牙等三人，结果酿成了一场大悲剧。两年后，齐桓公病重。易牙、竖貂见齐桓公已不久于人世，就开始堵塞宫门，假传君命，不许任何人进去。有两个宫女乘人不备，越墙入宫，探望齐桓公；桓公正饿得发慌，索取食物。宫女便把易牙、竖貂作乱，堵塞宫门，无法供应饮食的情况告诉了齐桓公。桓公仰天长叹，懊悔地说：“如死者有知，我有什么面目去见仲父?”说罢，用衣袖遮住脸，活活饿死了。桓公死后，宫中大乱，齐桓公的几个公子为争夺王位各自勾结其党羽，互相残杀，致使齐桓公的尸体停放在床上六七十天也无人收殓，尸体腐烂生蛆，惨不忍睹。第二年三月，宋襄公率领诸侯兵送太子昭回国，齐人又杀了作乱的公子无亏，立太子昭为君，即齐孝公。经过这场内乱，齐国的霸业开始衰落。中原霸业逐渐移到了晋国。

管仲的一生，不仅建立了彪炳史册的功勋，还给后世留下了一部以他名字命名的巨著《管子》。书中记录了他的治国思想，对后世影响深远。“粮仓充实就知道礼节；衣食饱暖就懂得荣辱；君王的享用有一定制度，六亲就紧紧依附；礼、义、廉、耻的伦理不大加宣扬，国家就会灭亡。颁布政令就好像流水的源头，要能顺乎民心”。所以他的政令浅显而易于推行，“一般人所向往的，就因势而给予；一般人所不赞成的，就顺应而革除”。

他任相期间，为了富国强兵，在齐国实行改革，重视发展经济，整顿法治，

扩大军力，重用人才，他凭借齐国濒临大海的地理条件，流通货物，积累财富，富国强兵，与普通人同好同恶，采取了一系列顺应民心的措施，为齐国称霸奠定了坚实的物质基础。

他辅佐齐桓公成就霸业，不但正确地制定了“尊王攘夷”的总战略，使齐国数十年的政治军事行动依据这一战略，逐步建立和巩固了霸主地位，而且在具体实施过程中，也能因势利导，灵活多变地使用各种战术，有效地克敌制胜，体现了管仲高深的谋略和惊人的智慧。齐桓公实行了“尊王攘夷”的政策，使其霸业更加合法合理，同时也保护了中原经济和文化的发展，为中华文明的存续做出了巨大贡献。

管仲是位思想家，他主张法治。全国上下无论身份贵贱地位高低都要守法，赏罚功过都要依法办事。他认为国家治理得好与坏，根本在于能否以法治国。管仲思想中有不少可贵的地方，如他主张尊重民意，他说：“顺民心为本”、“政之兴，在顺民心；政之所废，在逆民心”。管仲的思想对后代影响很大。当然，管仲是春秋时代的历史人物，所以他也有历史局限。如为齐桓公创立霸业而加重了人民的负担，在改革中主要是代表统治阶级利益等。虽然这样，管仲仍不失为一位大政治家、思想家。

我国伟大的思想家孔子曾称赞管仲：“微管仲，吾其被发左衽矣。”(《论语·宪问篇》)意思是：管仲辅助齐桓公做诸侯霸主，一匡天下。要是没有管仲，我们都会披散头发，左开衣襟，成为蛮人统治下的老百姓了。这是对管仲历史功绩的至高评价。